신뢰 게임

반도체 시장을 뒤흔든 하이닉스 경쟁력의 비밀

신뢰 게임

반도체 시장을 뒤흔든 하이닉스 경쟁력의 비밀

초판 1쇄 발행 2025년 7월 20일
초판 6쇄 발행 2026년 2월 25일

지은이 현순엽·김진국·박정식

펴낸곳 서울대학교출판문화원
주소 08826 서울 관악구 관악로 1
도서주문 02-889-4424, 02-880-7995
홈페이지 www.snupress.com
페이스북 @snupress1947
인스타그램 @snupress
이메일 snubook@snu.ac.kr
출판등록 제15-3호

ISBN 978-89-521-3962-7 03320

반도체 시장을 뒤흔든 하이닉스 경쟁력의 비밀

TRUST 신뢰 게임 GAME

현순엽·김진국·박정식 지음

서울대학교출판문화원

추천사

이등 기업은 어떻게 일등 기업이 될 수 있는가?

이경묵 서울대학교 경영대학 교수

2024년에 저의 절친인 현순엽 작가를 만나 "요즘 뭘 하고 있니?" 하고 물어보니 "하이닉스가 반도체 업계의 지각 변동을 어떻게 만들 수 있었는지를 주제로 강의한다"라는 답을 들었습니다. "핵심 내용이 뭐냐?"라고 다시 물으니 "하이닉스가 가진 기업문화의 힘이지!" 라고 답했습니다. 기업문화를 연구하는 저는 호기심이 커졌고, 더구나 서울대학교출판문화원의 대표 입장에서 필자의 주장을 책으로 출간하고 싶다는 생각이 간절해졌습니다. 그래서 "우리 출판문화원에 원고를 달라, 그러면 많이 팔아 주겠다"라고 설득하여 원고를 받아 냈습니다.

원고를 받아 읽어 보니 저의 높은 기대를 훨씬 넘어서는 내용이었습니다. 필진 모두가 SK하이닉스의 문화를 창달하는 주역 역할을 했고, 저자로 참여한 절친의 필력을 알고 있었기에 어느 정도 기대는 가지고 있었습니다. 아니나 다를까 이 책은 일등이 아닌 기업이 어떻게 일등이 될 수 있는지를 알려 주는 감동적인 것이었습니다. 삼성의 성공 요인을 분석하여 2013년에 『삼성 웨이』라는 책을 출간하고, SK그룹의 경영철학인 SKMS 자문위원을 20여 년간 해오면서 저도 하이닉스를 잘 이해하고 있다고 생각했는데, 이 원고를 읽고 나서야 반도체 업계의 지각 변동에 관해 그간 풀리지 않았던 퍼즐들이 풀리면서 하이닉스 경쟁력 강화의 비결을 이해할 수 있게 되었습니다.

시장의 기존 패러다임을 바꿀 만한 와해적 혁신이 없는 어느 정도 성숙한 산업에서는 이등이나 삼등 기업이 인수합병을 하지 않는 한 일등 기업을 따라잡기가 매우 어렵습니다. 특히 메모리 반도체 산업처럼 규모의 경제가 작동하는 산업에서는 더 어렵습니다. 메모리 반도체 산업에서는 신제품 개발에 엄청난 자원이 소요됩니다. 삼성전자나 하이닉스나 신제품 개발 비용에서는 별 차이가 없습니다. 하지만 같은 비용으로 같은 신제품을 개발했더라도 삼성전자가 하이닉스보다 훨씬 더 많이 팔기 때문에 제품당 배분되는 신제품 개발 비용이 삼성전자가 훨씬 더 낮습니다. 삼성전자가 하이닉스보다 훨씬 더 큰 이익을 낼 수 있다는 것입니다.

이등이나 삼등 기업도 일등이 되기 위해 노력하지만, 일등도 이등과의 격차를 벌리기 위해 노력하기 때문에 이등이나 삼등 기업이 일등이 되기는 참 어렵습니다. 이등이나 삼등 기업은 일등 기업에 비해 투자 재원의 규모, 인력의 질, 브랜드 가치, 거래 업체에 대한 협상력 등 여러 차원에서 불리합니다. 일등 기업이 하는 것만 모방하고, 일등 기업이 하는 정도만 노력해서는 절대로 일등 기업이 될 수 없습니다. 일등 기업과 다른 게임을 하면서 그들보다 더 치열하고 창의적으로 일해야만 일등 기업을 따라잡을 수 있습니다.

1983년에 메모리 반도체 사업을 시작한 삼성전자가 1993년에 메모리 반도체에서 일본 기업들을 추월하여 세계 일등이 된 것도 기적 같은 일이었지만, 하이닉스가 삼성전자 메모리 반도체 사업부를 추월한 것도 기적 같은 일입니다. 삼성전자가 일본 업체를 추월할 때는 엔고와 같은 외부 충격으로 글로벌 경쟁 환경이 삼성전자에게 유리하게 작용한 면도 있었습니다. 하지만 하이닉스는 삼성전자와 동일한 제도적 규제, 동일한 환율 등 매우 흡사한 환경하에서 사업을 하기 때문에 경쟁력 열위를 극복할 만한 외부 경쟁 환경의 변화는 없었습니다. 오로지 회사 내부적 노력과 혁신으로 일등이 될 수 있었기 때문에 삼성전자가 만든 기적보다 더 기적적이라고 할 수도 있습니다.

모든 산업에서 일등이 아닌 기업들은 어떻게 하면 일등이 될 수 있는가를 고민합니다. 이등 기업은 약점도 많지만 강점도 있습니다. 약점으로 인해 경쟁력 격차가 더 벌어지는 악순환 고리가 작동할 수도 있고, 강점으로 인해 경쟁력 격차가 줄어드는 선순환 고리도 작동할 수 있습니다. 하이닉스가 속한 메모리 반도체 산업의 악순환 고리와 선순환 고리를 살펴봅시다.

먼저 신규 설비 투자와 관련된 고리입니다. 경쟁력이 열위에 있으면 돈을 벌 수가 없기 때문에 신규 설비에 투자할 재원이 부족해 신규 설비 투자를 못 하고, 그로 인해 일등 업체와의 생산성 격차가 확대되어 경쟁력 격차가 더 벌어지는 악순환 고리가 작동합니다. 반면에 투자 재원이 부족하여 신규 설비 투자를 할 수 없는 상황에서도 살아남기 위해 기존 장비를 창의적으로 재활용해서 기존 장비로 최첨단 메모리 반도체를 생산하고, 이를 통해 투자 대비 수익성을 강화하여 경쟁력 격차를 줄일 수 있습니다. 하이닉스가 블루칩 프로젝트를 통해 이루어 낸 일입니다.

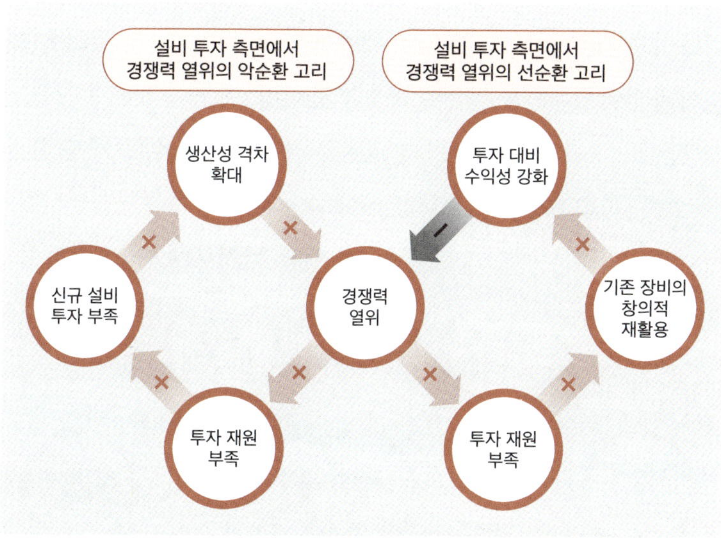

다음으로 인재 확보와 동기부여와 관련된 고리입니다. 경쟁력 열위에 있는 기업은 일등 기업에 비해 수익력이 약해 인건비 지급

여력이 부족하고, 일등 기업만큼 보상해 줄 수 없습니다. 그러면 노동 시장에서 경쟁력이 약화되어 기존 핵심 인재들이 일등 기업으로 이직하고, 신입사원 채용에서도 일등 기업만큼 좋은 인재를 뽑기 어렵습니다. 이로 인해 인재의 질에서 격차가 확대되어 경쟁력 격차가 벌어지는 악순환 고리가 작동합니다. 반면에 경쟁력 열위에 있는 기업 구성원들은 잘못하면 망할 수 있다는 위기의식을 가지고, 일등 기업 구성원에 비해 더 치열하게 일하고 더 창의적인 대안을 찾아 혁신을 하려 합니다. 이런 노력이 일등 기업과의 생산성 격차를 축소하고, 그 결과 일등 기업과의 경쟁력 격차를 줄일 수 있습니다. 이 책은 하이닉스가 인재 측면에서 어떻게 선순환 고리를 작동하게 만들었는지를 잘 설명하고 있습니다.

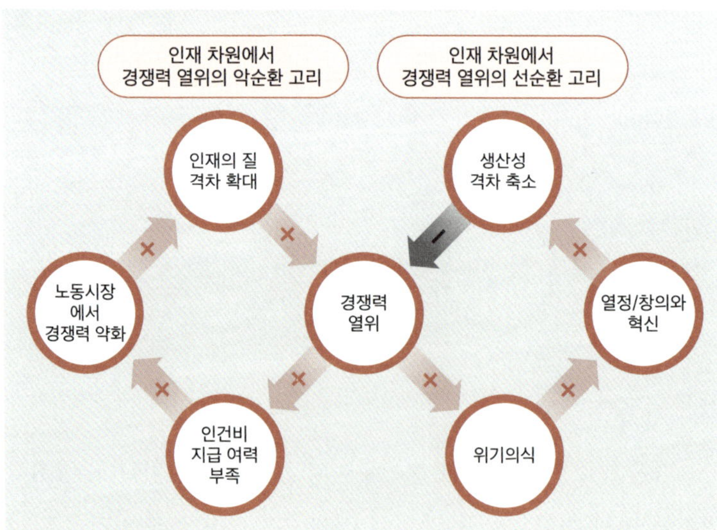

마지막으로 협력업체와의 관계와 관련된 고리입니다. 경쟁력이 열위에 있는 기업은 일등 기업에 비해 구매 수량이 많지 않기 때문에 협력업체에 대한 협상력이 떨어집니다. 협력업체가 신규 장비를 개발했을 때 일등 기업에 먼저 공급하고 이등 기업에 비해 싸게 공급합니다. 이등 기업은 최첨단 장비 구매가 늦기 때문에 일등 기업과의 생산성 격차가 늘어나고 이로 인해 경쟁력 격차가 더 벌어집니다. 하이닉스가 최첨단 노광 장비를 구매할 때 벌어진 일입니다. 반면에 이등 기업은 이런 어려움을 극복하기 위해 협력업체가 새로운 장비를 개발할 때 협력업체의 요구에 능동적으로 대응하고 그들과 긴밀하게 협업하면서 일등 기업과의 생산성 격차를 축소하고 경쟁력 격차를 줄이는 선순환 고리를 작동하게 할 수 있습니다.

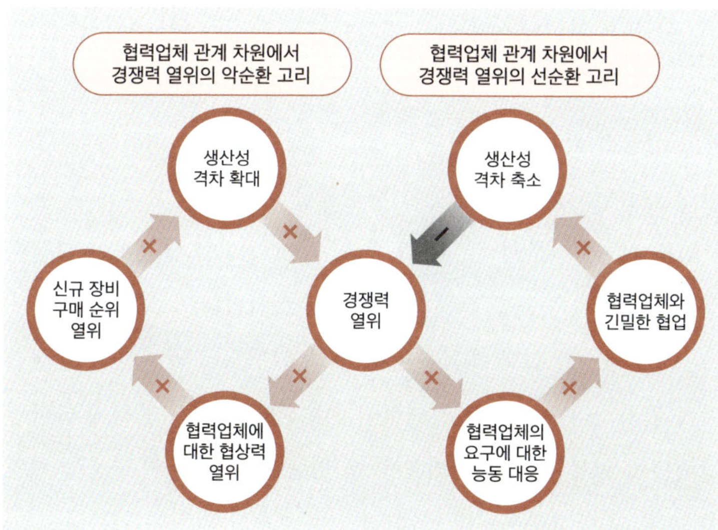

유사한 그림을 고객과의 관계에서도 생각해 볼 수 있습니다. 이등 기업은 고객에 대한 협상력이 낮아 악순환 고리에 들어갈 수 있지만, 낮은 자세로 고객의 요구에 대응해 고객 만족도를 높임으로써 선순환 고리를 만들 수 있습니다. 그리고 일등 기업도 일등이라는 위치를 점하면서 나타날 수 있는 선순환 고리와 악순환 고리를 생각해 볼 수 있습니다.

위의 그림들은 메모리 반도체 산업에서 나타날 수 있는 선순환 고리와 악순환 고리를 그린 것입니다. 업종이 다르면 그에 맞는 선순환 고리와 악순환 고리를 생각해 볼 수 있습니다. 일등이 아닌 기업 경영자의 가장 큰 과제는 악순환 고리를 약화시키고, 선순환 고리가 작동하게 하는 것입니다. 어떤 선순환 고리를 작동하게 할지는 해당 산업의 특성, 경영진의 전략에 따라 달라질 수 있습니다.

이 책은 하이닉스가 이등 기업으로서 경쟁력 열위의 선순환 고리를 어떻게 작동하게 했는지에 관한 것입니다. 신뢰 게임을 통해 최고 경영진 간 신뢰를 기초로 최고 경영진이 부하 임원들을, 부하 임원들이 팀장들을, 팀장들이 팀원들을 신뢰하는 문화를 만들고, 사업부 간, 기능 부서 간, 팀 간, 팀원 간의 신뢰를 구축하여 경쟁력 열위의 선순환 구조를 작동하게 했다는 것입니다.

하이닉스가 신뢰 게임을 통해 업계 선두로 도약했지만, 삼성전자가 위기의식을 느끼고 경쟁력의 선순환 고리를 작동하게 한다면 언제든지 일등의 자리를 되찾을 수 있습니다. 아직은 경쟁력 격차가 크지 않기 때문입니다. 하이닉스가 지금의 위치에 만족하고 자만한다면 언제든지 선두 자리를 빼앗길 수 있다는 뜻이기도 합니다. 삼성전자와 하이닉스가 선의의 경쟁을 치열하게 할수록 마이크론 등 외국 업체 대비 경쟁력이 높아지고 그 낙수 효과로 우리나라 경제가 성장할 수 있습니다. 두 기업의 분투를 바랍니다.

이 책은 하이닉스가 어떻게 메모리 반도체 산업에서 기적을 이루어 냈는지에 대해 관심을 가진 분들의 호기심을 채워 줄 수 있을 것입니다. 그런 호기심이 없더라도 일등이 아닌 기업에서 일하면서 일등이 되고자 노력하는 모든 분에게도 큰 시사점을 줄 수 있습니다. 일등의 자리를 유지고자 하는 분들과 일등이 되고자 노력하는 모든 분에게 이 책을 강력히 권해 드리고 싶습니다.

머리말

하이닉스 경쟁력의 비밀은 신뢰 게임

하이닉스의 경쟁력 상승의 비밀이 무엇인지에 대해 세간의 관심이 많다.

우리가 내린 결론은 신뢰 게임이었다. 물론 신뢰 이외의 요인들도 중요했으나 다른 기업들도 그 정도는 다 하는 것들이었다. 하지만 하이닉스의 신뢰 게임은 좀 남달랐다. 하이닉스 Top Team(CEO와 부문장 중심으로 구성된 리더십 팀) 내 신뢰에서 출발된 신뢰 게임은 조직 전체로 확산되어 전사 원팀 스피릿과 협업 문화를 만들어 냈다. 신뢰 게임은 또한 스피크업(speak up)을 활성화하여 엔지니어들로 하여금 보텀업(bottom up)의 혁신과 몰입을 이끌었다.

이러한 결론은 고성과 조직의 특징을 찾기 위해 구글이 실시한 아리스토텔레스 프로젝트(Project Aristotle)의 결과와 매우 유사하다. 당초 구글은 구글 내에서 팀원의 지능, 팀원의 기술 역량, 팀의 규모 등과 같은 요소가 고성과 팀의 비밀일 것이라고 예상했다. 하지만 그들이 찾아낸 고성과 팀의 비밀은 바로 팀원 간의 상호 작용

방식, 특히 심리적 안전감이었다. 우리의 분석 틀로 말하면, 구글은 당초 역량이 높은 팀이 고성과 팀일 것이라고 예상했으나 결과는 이와 다르게 동기가 높은 팀이었다. 다시 말해, 누구와 일하느냐보다 어떻게 팀원들과 함께 일하느냐가 팀의 성과를 좌우한다는 것이다. 즉 뛰어난 개인들과 일하는 것보다 서로 신뢰하고 편안하게 소통하며 협력하면서 일하는 것이 중요하다는 의미다.

이러한 고성과 팀의 특징은 고성과 기업으로 그대로 확대 적용될 수 있다. 핵심은 높은 심리적 안전감을 만드는 신뢰 게임을 얼마나 잘하는가에 달려 있다. 그리고 전사 최적화를 위한 협업과 혁신이 성공 방정식의 핵심 변수가 된 반도체업에서 신뢰 게임은 성공의 관건이 되었다.

진정한 경쟁력이란 남들이 쉽게 복제하기 힘든 경쟁력이다. 이런 관점에서 보면, 신뢰는 본질적으로 단기간에 복제하기 쉽지 않은 기업문화 요소이기 때문에 이는 당분간 하이닉스의 중요한 경쟁력의 원천이 될 것이다. 하지만 신뢰는 남이 쉽게 따라하기도 어렵지만 스스로 한순간에 무너질 수도 있다.

이 책 전체에 걸쳐 하이닉스의 신뢰 게임을 이야기했지만 여기에 동의하지 않는 사람도 있었음을 분명히 밝힌다. 그들의 이견은 하이닉스의 신뢰가 아직도 충분하지 못하다는 것이다. 우리도 하이닉스가 절대적인 기준에서 매우 높은 수준의 신뢰 게임을 하고 있다고 주장하는 것은 절대 아니다. 이 책에서 강조하려 한 것은 하이닉스의 딥체인지(deep change)였다. 신뢰의 변화 델타 값과 그 델타 값을 만들기 위해 노력한 과정이었다. 하이닉스가 그간의 노력으로 만들어 낸 신뢰의 변화는 상당했다.

하이닉스는 다시 새로운 변화의 델타 값을 만들어 가야 한다. 지금보다 더 높은 경영진의 신뢰를 구축하고 그 신뢰를 전사 부서와 구성원들에게 다시 확산해 가야 할 것이다. 신뢰 게임에서 하이닉스의 지속적 노력과 진화를 기대해 본다.

이 책은 상당 부분이 인터뷰로 채워져 있음에서 알 수 있듯이, 너무나 많은 분의 도움으로 만들어질 수 있었다. 귀한 경험과 통찰력을 전달해 주신 그분들께 감사의 말씀을 전한다.

그리고 이 책에서 가장 많이 등장하는 주어는 'Top Team'이라는 단어다. 하이닉스의 딥체인지를 이끈 분들이다. 이 책은 필진이 이분들과 함께했던 약 10년간의 하이닉스 이야기이기도 하다. 따라서 Top Team의 모든 분이 사실 공저자라고 해도 과언이 아닐 것이다. 책의 전반적 내용에 대해 조언을 아끼지 않았던 박성욱 부회장님을 비롯한 모든 Top Team 구성원들께 감사를 드린다.

하이닉스가 이룬 지금의 성과는 과거 Top Team이 그렇게 갈구했지만 이루지 못했던 성과다. 이 성과를 가장 직접적으로 이끌었던 하이닉스의 최근 노력은 이 책에 담지 못해 아쉬움이 남는다. 아마도 이 책에서 표현된 내용보다 더 독한 치열함과 협업력을 발휘했을 후배들께도 아낌없는 박수를 보낸다.

2025년 6월

필진 일동

차례

Chapter 3 문화적 신뢰 게임

Chapter 4 전략적 신뢰 게임

Chapter 5 인사·조직의 신뢰 게임

Chapter 6 하이닉스 신뢰 게임의 열매: HBM

Chapter 7 유한 게임과 무한 게임

Chapter 1

메모리 반도체의 경쟁 지각 변동

예상하지 못했던 메모리 반도체 지각 변동

2024년 어느 여름밤, 과거 SK하이닉스(이하 하이닉스로 통칭)를 이끌었던 Top Team 임원들이 오랜만에 저녁 식사 자리를 가졌다. Top Team은 CEO와 부문장, 그리고 일부 본부장들로 구성된 하이닉스 리더십 팀을 일컫는 호칭이다. 조용한 음식점 한쪽에서 옛 동료들은 서로의 안부를 묻고 지난 세월을 회상하다가, 자연스럽게 최근 업계 소식으로 화제를 돌렸다.

"이런 날도 오네요. 하이닉스의 HBM(고대역폭메모리) 시장 반응이 대단하다고 하지요?" 다른 임원이 과거의 한 기억을 되살려냈다. "2019년 우리가 N사를 다 같이 방문했던 거 생각나시죠? 사실 의례적 방문(courtesy call)이었는데, 우리를 그렇게 혼낼 줄은 몰랐어요. '하이닉스가 HBM2를 제공한다는 약속을 찰떡같이 해놓고 어떻게 개발에 실패할 수가 있느냐'며 얼마나 혼줄을 내던지……." N사

입장에서는 하이닉스의 HBM2 공급 약속이 이행되지 않아 적지 않은 어려움이 있었던 것이다.

"그래요. 쇼룸을 보여 주면서 우리에게 '창피하지도 않냐? 제품에 모두 경쟁사 반도체만 들어가 있지 않느냐'고 하면서 우리를 자극했죠. 방문한 사람들이 하이닉스 고위 임원급들이었는데도 그쪽 사람들은 그런 거 전혀 신경 쓰지 않더라고요."

"그날 저녁 Top Team 임원들이 모여 오늘 당한 창피를 잊지 말고 HBM2를 반드시 성공시키자는 결의를 했죠. 그런데 이런 날이 왔네요."

"그런데 들리는 이야기로는 HBM뿐 아니라 디램(DRAM)과 낸드(NAND) 단품도 자신 있다고 하더라고요."

"낸드까지요? 그게 진짜예요?"

마치 불가능한 일이 눈앞에 펼쳐진 듯했다. 불과 몇 년 전만 해도 상상할 수 없던 이야기였기 때문이다. 과거 수많은 Top Team 회의에서 가장 많이 다루었던 어젠다는 일등 업체인 삼성과의 디램·낸드의 경쟁력 비교였다. 이 책에서 삼성이라고 하면 삼성전자의 메모리 반도체 사업부를 뜻한다. 하이닉스가 그 사업부와 경쟁하기 때문이다. 밤낮없이 이 격차를 줄이기 위해 고민했지만, 좀처럼 좁혀지지 않는 경쟁력 차이는 하이닉스 Top Team의 오랜 고민거리였다. 당시 Top Team 일원이었던 한 임원이 산하 부서장들과 공유했던 글에서 이 줄어들지 않는 경쟁력 격차에 관한 막막함을 엿볼 수 있다.

> 1월 17일에 열릴 임원 워크숍의 주제는 '본원적 경쟁력 강화'입니다. 사실 작년 사상 최대의 성과 창출이라는 기쁨보다 본원적 경쟁력의 상대적 약화 확대라는 부분이 훨씬 큰 아픔이고 걱정입니다. 올해, 내년, 내후년으로 갈수록 본원적 경쟁력의 약화는 회사 미래 수익력에 큰 부정적 임팩트로 다가올 것 같습니다. 그리고 본원적 경쟁력의 격차 축소는커녕 격차 확대의 가능성이 더 커 보입니다. 기술 역량의 양적, 질적 차이가 크고, 설비 경쟁력의 차이도 이미 커 보입니다. 게다가 경쟁사로부터 이직해 온 분들의 이야기를 들으면 치열함의 수준 차이도 상당하다고 합니다. 그런데도 경쟁사는 오히려 우리가 따라갈 엄두를 못 낼 만큼 초격차를 벌리겠다고 선언하고 의지를 불태우고 있습니다…….
>
> [2015년 1월 10일]

몇 년이 흘러도 좀처럼 변화가 없었던 경쟁력 격차였기에 하이닉스 경쟁력의 도약 소식은 과거 Top Team을 함께했던 사람들에게 놀라운 소식이 아닐 수 없었다.

2025년 4월 10일 기사

SK하이닉스, D램 시장 1위 등극…HBM 기술로 삼성 제쳤다

HBM 부문 70% 점유율로 시장 선도
1분기 D램 매출 기준 36% 점유율로 시장 1위
다음 분기까지 성장세 지속 전망

그동안 하이닉스에 무슨 일이 있었나?

메모리 반도체의 경쟁력 구축은 장기전이다. 하나의 새로운 기술이 제품으로 완성되어 출시되기 위해서는 연구 단계에서 요소기술 확보와 기술 플랫폼(technology platform) 개발이 이루어지고, 이를 근간으로 개발 단계에서 기술의 완성도를 높여 양산성을 확보해야 한다. 그리고 제조의 양산 단계로 넘어가서는 수율 극대화 및 원가절감을 진행한다. 무려 3~5년간의 긴 여정이다. 그리고 새로운 원천기술의 개발은 다시 몇 년 동안의 준비 시간을 필요로 한다.

본원적 경쟁력의 변화는 하루아침에 만들 수 있는 것이 아니다. 거목이 하루아침에 자라지 않듯이, 반도체 경쟁력도 10여 년 이상 오랜 기간 꾸준한 축적이 이루어져야 나올 수 있다.

주변의 많은 사람이 묻는다. "도대체 하이닉스에 무슨 일이 있었던 거죠? 어떻게 경쟁력 격차를 줄일 수 있었죠?" 지금 일어나고 있는 메모리 반도체 시장의 지각 변동은 누구도 상상할 수 없었던 것이라 그 원인에 대해 다양한 이야기들이 시중에서 회자되고 있다. "운이지 운, HBM이 그렇게 뜰지 누가 알았겠어. 어쩌다 하이닉스에 얻어 걸린 거지. 삼성은 운이 없었고, 하이닉스는 운이 있었던 거지." "하이닉스가 잘했다기보다는 삼성이 기회를 놓친 거지. 삼성이 평소만큼만 했어도 이런 결과가 나왔겠어?"

마치 복권에 당첨된 사람에게 하는 이야기처럼 "운이 좋았네"

라는 해석을 포함한 나름의 분석들은 다 일리 있어 보인다. 그리고 필진도 지금의 지각 변동을 오직 하이닉스가 무엇을 아주 잘했기 때문이라고만은 생각하지 않는다. 하지만 단지 운과 경쟁사의 부진만으로는 지금의 상황을 100퍼센트 설명하기는 어려울 듯하다.

그래서 대략적으로 운 3분의 1, 경쟁사의 부진 3분의 1, 그리고 나머지 3분의 1은 하이닉스 요인으로 볼 수도 있을 것 같다. 이런 식의 가정은 다시 경쟁사에 운이 따르고 경쟁사가 실력을 회복하고 역으로 하이닉스가 부진에 빠지면, 상황은 언제든 역전될 수 있다는 의미다. 또 이런 해석도 가능하다. 경쟁사에 운이 있고 경쟁사가 실력 회복을 해도 하이닉스가 계속 잘해 간다면, 이 상황의 역전이 생각보다 쉽지 않을 수도 있다는 이야기가 된다. 이 책에서는 운과 경쟁사의 요인을 제외한 33.3퍼센트인 하이닉스의 요인에만 집중하고자 한다.

하이닉스의 요인을 살펴보면서 "축적과 돌파"●라는 인사이트를 활용했다. 기업이 평범한 수준에서 비범한 수준으로 도약하는 과정은 갑작스러운 성공이나 한 번의 혁신적인 사건으로 위대함이 찾아오는 것이 아니라, 오랜 기간 꾸준한 노력의 '축적'이 쌓여 임계점에 도달했을 때 축적 단계에서는 보이지 않던 성과들이 갑자기 눈에 띄게 나타나는 '돌파'가 일어난다는 것이다. 여기서는 하이닉스가 쌓은 그 '축적'의 과정에 집중하고자 한다.

● 짐 콜린스, 2021, 『좋은 기업을 넘어 위대한 기업으로』, 이무열 옮김, 김영사.

그럼 다시 질문해 본다. "그동안 하이닉스는 무엇을 어떻게 했을까?"

다윗과 골리앗 싸움

2014년, 삼성의 고위급 퇴임 임원 한 분이 하이닉스로 영입되었다. 당시 본인이 밝힌 이직 동기의 일부 내용이다.

"한국이 잘하는 게 메모리 반도체인데 삼성이 혼자만 잘해서는 세계 1위를 유지할 수 없다. 한국 반도체 생태계가 더욱 튼튼해져야 한다. 그러기 위해서는 하이닉스가 지금보다 훨씬 강한 2위가 되어야 한다. 그래야 삼성도 더 강한 1위가 될 수 있다."

여기서 언급되고 있지만 그 당시 하이닉스는 허약한 2위였다. 마치 농부가 날씨에 농사를 맡기듯, 하이닉스는 해마다 반도체 가격의 등락에 따라 흑자와 적자를 오가며 하늘의 뜻에 운명을 맡기는 '천수답' 신세에서 벗어나지 못하고 있었다. 반면에 삼성은 이미 해마다 천문학적 이익을 안정적으로 창출하는 압도적 1위 기업이었다. 2014년을 회상한 한 임원의 이야기는 당시 상황을 생생하게 보여 준다.

"2014년 사상 최대의 이익에 주가도 오르고 우리 회사의 경쟁력이 높아 간다고 외부에서는 생각했어요. 그러나 임원회의에 참석해 실상을 들어 보면 정말 조마조마했는데, 성과라는 것이 언제 꺼질지 모르는 버블 같다는 생각을 떨칠 수 없었죠.”

당시 디램이 이익 대부분을 만들어 내고 있었지만, 임원들은 매달 디램 수익성 회의에서 가격이 언제 빠질지 모른다며 노심초사했다. 마치 모래성을 쌓아 놓고 밀물이 언제 들어올지 걱정하는 것과 같았다. 가격 하락을 예견하는 신호들이 곳곳에서 나타나고 있었는데, 다행히 다음 달 가격이 버티고 있으면 모두가 안도의 한숨을 쉬곤 했다.

그 당시 경쟁사의 ‘골든 프라이스(golden price) 전략’에 대한 소문이 시장에 돌기도 했다. 이 전략은 경쟁사보다 먼저 출시한 제품에서 높은 가격으로 충분한 이익을 확보하고, 경쟁사의 후발 제품이 나오면 가격을 낮춰 저가 경쟁으로 몰고 가는 것이다. 후발주자들이 대규모 설비 투자에 필요한 자금을 확보하지 못하게 하려는 경쟁 전략이다. 하이닉스는 마치 1위 업체의 손에 자신의 운명을 맡긴 듯한 느낌이었다.

“낸드 위기는 더욱 심했습니다. 낸드 사업 적자의 이유를 시장 가격 하락에서 찾고 있었지만, 당시 1분기 경쟁사의 상황을 보면 낸드 사업의 영업이익률은 20퍼센트를 넘을 정도로 아주 좋은 상황을 유지하고 있었어요. 우리와의 경쟁력 격차는 점점 더 커지고 있을 뿐이었습니다.”

이처럼 예전 하이닉스와 삼성의 경쟁력 차이는 성서에 나오는 다윗과 골리앗의 차이보다 더 컸다. 다윗은 적어도 물맷돌이라는 무기가 있었지만, 하이닉스에는 그런 비장의 무기조차 없었다.

그럼에도 하이닉스는 일등 기업을 쫓아가고자 하는 의지의 끈을 놓지 않았다. 넘사벽의 경쟁사라는 인식은 여전했지만, 초격차라는 압도적 1위를 목표로 하는 일등 기업과의 경쟁력 격차가 더 벌어지면 영원히 밀려날 수 있다는 위기감으로 하이닉스는 위기 경영을 상시화할 수밖에 없었다.

레드 퀸 효과:
경쟁사보다 더 치열하지 않으면 죽는다

경쟁사와의 격차가 더 벌어지면 안 된다는 전사적 결심이 강화된 계기가 하나 있었는데, 2014년 '본원적 경쟁력 강화'라는 주제로 열린 임원 워크숍이다. 구체적으로는 '삼성과의 경쟁력 격차 바로 알기'였다. 삼성의 성공 요인을 분석한 『삼성 웨이』라는 책을 쓴 교수 한 분이 삼성의 일하는 방식에 대해 강의를 했는데, 그는 일등 기업인 삼성이 이등 기업인 하이닉스보다 더 치열하게 일하는 사례를 조목조목 보여 주었다. 이는 하이닉스 임원들에게 큰 충격이자 자극제였다.

또한 그 워크숍에서 임원들은 '레드 퀸 효과(Red Queen Effect)'라는 개념을 공유했다. 이 개념은 앞서 들었던 경쟁사의 치열함에 대

한 강의와 연계되어 하이닉스 경쟁력 수준에 대한 객관적인 자기 인식을 한층 높여 주었다.

레드 퀸은 『거울 나라의 앨리스』라는 동화에 등장하는 붉은 여왕이라는 인물이다. 앨리스는 레드 퀸에게 질문한다. "이렇게 열심히 달리는데 왜 조금도 앞으로 나가지 못하죠?" 레드 퀸은 대답한다. "이 나라에서는 네가 같은 자리에 있고자 하면 네가 할 수 있는 만큼 달려야 해. 그런데 네가 다른 곳으로 가고 싶다면 적어도 지금 달리는 것의 두 배는 달려야 해."

이 동화 속 이야기는 '레드 퀸 효과'라는 이름으로 진화경제학에서 다시 탐구되었다. 환경이 빠르게 변화하는 곳에서 살아남기 위해서는 자신도 환경 변화 속도만큼 변화하지 않으면 안 된다는 것이다. 적과 경쟁자들도 더 빨리 진화하고 있기 때문이다. 레드 퀸 효과에 따르면 하이닉스가 경쟁사와의 격차를 줄이기 위해서는 경쟁사의 진화 속도보다 더 빨리 진화해야만 한다. 역으로 하이닉스의 진화 속도가 경쟁사의 진화 속도보다 느리면 경쟁력 격차는 점점 더 벌어질 수밖에 없게 된다.

그동안 하이닉스 임원들은 회사의 '없는 살림'에서도 변화를 위한 노력을 열심히 잘해 왔고, 이 정도면 그래도 기특한 수준이 아닌가라고 생각해 온 부분이 없지 않았다. 그런데 이미 한참 앞서 있는 경쟁사가 하이닉스보다 더 치열하게 일하고 있다는 사실과, 경쟁사보다 더 치열하지 않으면 경쟁력 격차는 더 벌어질 수밖에 없다는 레드 퀸 효과는 외면할 수 없는 현실이었다. 그 당시 임원 워크숍에 참여한 한 임원의 이야기는 레드 퀸 효과가 회사에 미친 변화를 잘 보여 준다.

"그때 임원들 토의에서 자주 언급된 표현이 '우리의 막연한 자신감'이라는 것이었어요. 근거는 없지만 뭔가 잘해 왔고 잘해 갈 것이라는 생각을 많은 임원이 갖고 있었습니다. 하지만 상대적 경쟁력이라는 측면에서는 퇴보를 맞이한 상반기였고, '우리의 느슨함'에 대한 반성이 많았던 토의였어요. 그리고 기억나는 한 가지 에피소드는 임원 워크숍 이후로 각 부문별 임원들의 조기 출근 결의가 자발적으로 이어졌다는 사실입니다. 그때 한 부문은 새벽 5시 반 출근을 결의하기도 했어요. 일등 업체가 6시 반에 출근한다고 하니 이등 업체인 하이닉스는 한 시간 먼저 출근해야 한다는 것이었죠."

레드 퀸 효과는 한동안 회사에서 회자되면서 하이닉스의 생존을 위한 유일한 옵션은 경쟁사의 치열함을 넘어서는 길밖에 없다는 점에 대해 확실한 공감대가 형성되었다.

절벽의 끝자락,
채권단하의 10년, 그리고 SK 인수

현대반도체와 LG반도체의 물리적 통합으로 시작된 하이닉스

하이닉스의 변화를 이해하기 위해서는 하이닉스의 역사적 배경을 살펴볼 필요가 있다. 하이닉스는 1999년 정부 주도의 반도체 산업 구조 조정으로 현대반도체를 중심으로 LG반도체가 합병되면서 만들어졌다. 반강제적 합병의 물리적 통합이었기에 두 회사의 화학적 통합이 쉽지 않았음은 짐작할 만하다. 현대와 LG의 일하는 문화와 용어가 크게 달라 서로 간의 소통이 어려웠고 갈등은 컸다. 다음은 당시의 상황을 기억하는 몇 분들의 이야기다.

"이천에 있는 현대가 청주에 있는 LG를 합병한 후 가장 큰 이슈는 기술 통합이었어요. 합병을 당한 입장인 LG 출신 엔지니어들은 자신들의 기술에 대한 자부심이 컸어요. 하지만 아무래도 힘의 논리에서 이천 중심으로 기술 통합이 이루어질 수밖에 없었어요. 기술자들 입장에서는 마음의 상처가 컸죠."

"양사의 기술 용어가 너무 달랐어요. 한 팀 내에서 양사 출신 엔지니어가 서로 소통하기 힘들 정도였어요. 결국 기술 용어를 통일할 수밖에 없었죠. 공평하게 한다는 취지로 기술 레이어별로 한 레이어는 현대 용어로, 그다음 레이어는 LG 용어로 번갈아 가며 용어를 통일했는데, 그야말로 뒤죽박죽이 되더라고요. 기술 용어는 일관된 철학하에 통일적으로 만들어야 용어를 보고 무슨 뜻인지 알게 되는데, 그냥 단순히 섞어 버린 것이죠. 그러니 용어만으론 무슨 의미인지 알 수 없을 정도였어요."

이는 마치 각각 한국어와 영어를 쓰던 두 집단이 합쳐져서 "나는 school에 간다"와 같은 혼합된 언어를 쓰게 된 상황과 같았다. 이런 환경에서 효율적인 소통과 협업은 매우 어려웠다.

은행 채권단 관리의 워크아웃

합병 후 단일 회사로의 통합도 쉽지 않았던 하이닉스는 반도체 시황 악화로 기업 부채가 눈덩이처럼 불어나 내부 사정이 더욱 악화되어 갔다. 결국 하이닉스는 2001년 은행 채권단 관리의 워크아웃에 돌입했다. 다행히 반도체 시장의 경기 회복이 이어져 2005년 워크아웃은 졸업했으나 여전히 채권단 영향력 아래에 있었다.

채권단 지배하의 기업은 아무래도 정상적인 기업처럼 장기적 관점에서 성장을 목표로 투자하는 것이 어려울 수밖에 없다. 그나마 하이닉스의 생명력을 이어 준 것은 뼈를 깎는 원가절감과 기술개발을 위해 노력한 구성원들의 치열함이었다. 이런 치열함의 대표적 사례 하나가 '블루칩 프로젝트'•다.

반도체 산업에서는 장비에 대한 막대한 투자가 지속적으로 필요하다. 하지만 채권단하의 하이닉스는 투자 여력이 없었다. 그렇다고 손을 놓고 있다가는 회사가 문을 닫을 판이었다. 여기서 시작된 것이 이른바 블루칩 프로젝트, 즉 '구형 장비를 개조해서 신기술의 제품을 생산하자'는 프로젝트였다. 이는 마치 오래된 중고차로 새로운 기능이 탑재된 고급차와 같은 성능을 내려는 시도와 같았다. 과거에 누구도 성공한 적이 없는 프로젝트이기에 가능하다고 생각하는 사람도 없었다. 반도체 장비 중 가장 고가의 장비가 실리콘 웨이퍼에 회로 사진을 찍는 노광 장비라는 것인데, 당시 가격으로 한 대당 300억 원에 달했다. 수십 대의 노광 장비가 필요하니 몇 조 원의 투자비가 필요했다.

끝없는 연구와 실험이라는 자기와의 싸움이 시작되었다. 성공은 결코 쉽지 않았다. 연구원들은 실패의 원인을 역추적하며 문제를 해결해 갔고, 모든 연구원이 지쳐 갈 즈음 마침내 개조 장비로 90퍼센트 수율을 달성했다는 소식을 듣게 된다. 오직 치열함 하나로 낡은 장비를 개조해 업계 최대 수율을 확보하는 기적을 이루어 낸 것이었다. 블루칩 프로젝트의 성공으로 당시 9,500억 원이라는 천문학적 투자비를 절감하게 되었다.

● 「하이닉스 반도체, '블루칩' 프로젝트로 세계 최고 수준」, 하이닉스 뉴스룸, 2001년 9월 25일.

은행 채권단 지배하에서 하이닉스 경쟁력 약화 징후들

은행 채권단의 워크아웃에 돌입하면서 가장 크게 다가온 난관은 회사를 지켜 오던 인력들의 흔들림이었다. 유능한 엔지니어들이 대규모로 회사를 빠져나가는 인력 엑소더스 현상이 나타난 것이다. 당시 하이닉스의 어려운 상황을 이해할 수 있는 몇 가지 회고담을 들어보자.

"자고 일어나면 연구소에서 또 한 팀 인원 전체가 사라지곤 했어요. 마치 밤사이 도둑이 들어 모든 것을 훔쳐 간 것 같은 느낌이었죠. 회사가 제대로 돌아갈 수 없는 상황이었어요."

"은행 채권단하에 있을 때 결혼을 했어요. 그런데 처갓집에서 결혼 반대가 심해 결혼을 못 할 뻔했어요. '망해 가는 회사에 다니는 사람에게 딸을 줄 수 없다'라는 이유였어요."

회사를 지키던 많은 인재가 빠져나가는 상황은 신규 인력 확보에서도 어려움을 낳게 했다. 채용 인력도 최소화되었지만 그나마 회사가 원하는 우수 인력의 입사 지원은 거의 없었다. 이러한 인력 확보의 암흑기가 약 10년 정도 지속되었다. 이 부분은 고스란히 기업 경쟁력의 약화로 이어질 수밖에 없었다. 은행 채권단 관리하의 하이닉스에서는 경영 오너십의 결여로 회사의 장기적 성장과 발전이라는 개념이 존재하지 않았고, 오직 한 해 한 해 목숨 부지에만 모든 관심이 집중되었다. 이 기간에도 경쟁사들은 더욱더 강한 회사로 변하고 있었다.

SK그룹 품으로: 경쟁력 강화 레버가 다시 당겨지다

이런 상황에서 하이닉스는 다시 시장에 매물로 나왔고, 10여 년을 주인 없는 회사로 표류하던 하이닉스는 SK그룹의 품으로 들어가게 된다. 이로써 하이닉스의 본격적 투자와 인력 채용의 레버는 다시 당겨졌다. SK하이닉스가 되었지만 장기적 축적으로 만들어지는 메모리 반도체의 경쟁력 격차의 관성은 한동안 이어질 수밖에 없었다.

한 예가 인력 채용이다. 2016년 하이닉스는 수백 명의 신입사원을 채용했는데, SK라는 고용 브랜드로 인해 우수 대학 출신의 지원 비율이 과거 대비 상당히 높아져 고무되기도 했다. 하지만 그것도 잠시, 삼성의 채용 결과가 발표되자마자 채용에 합격한 엔지니어들이 출근하지 않는 노쇼(no show) 비율이 35퍼센트에 달했다. 동시 합격한 인력들이 경쟁사로 쏙 빠져 버렸던 것이다.

결국 채용하고자 하는 신입사원 인원도 채우지 못하는 상황이 발생했다. 입사한 신입사원들 중에서도 중도에 경쟁사로 옮겨 가는 숫자도 만만치 않았다. 인력 운용에 어려움을 느낀 현업 부서장들로부터 스펙 좋고 머리 좋은 신입사원보다 차라리 스펙이 부족해도 이직 가능성이 낮은 성실한 사원을 뽑아 달라는 요구가 높아지기도 했다.

"SK가 되고 나서 스펙 좋은 친구들이 들어와 좋아했는데 잘못 생각했던 것 같아요. 스스로 괜찮은 학교 나왔다고 생각하는 친구들부터 회사 빠져나갈 궁리를 하니 팀 분위기도 엉망이 되더라고요. 못생긴 나무가 산을 지킨다고 하잖아요. 어차피 새로 다 배워야 하

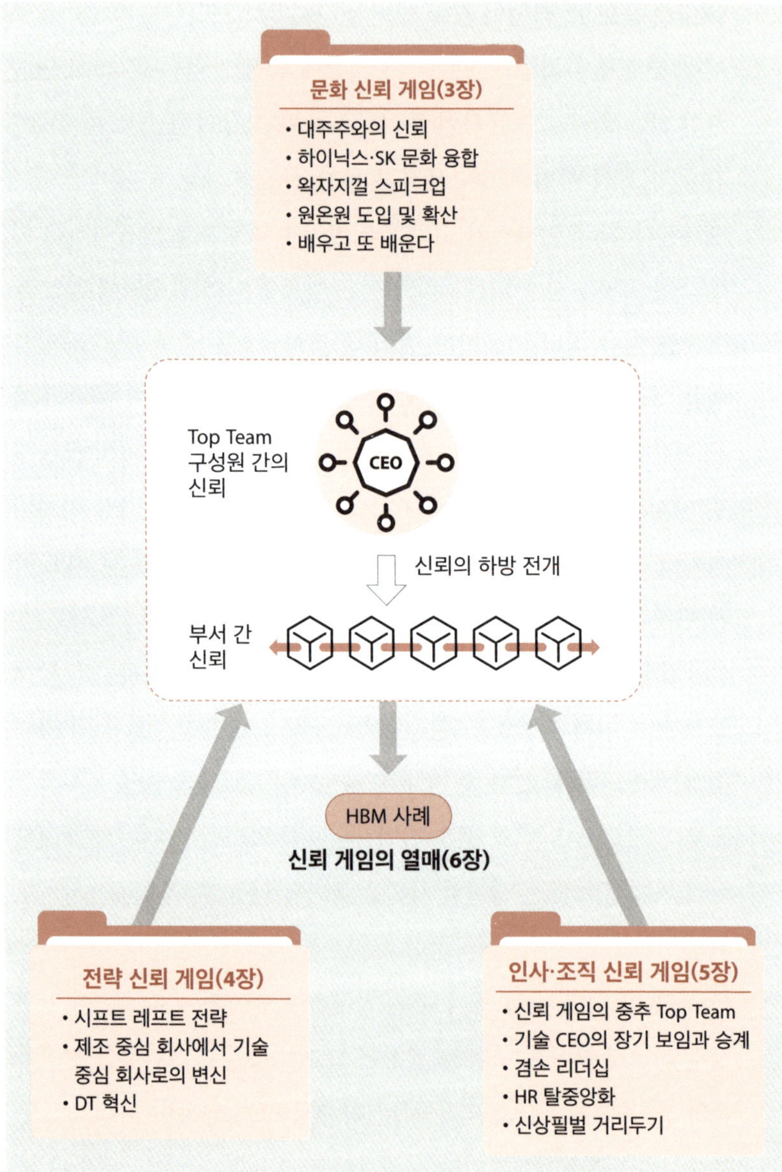

문화 신뢰 게임(3장)
• 대주주와의 신뢰
• 하이닉스·SK 문화 융합
• 왁자지껄 스피크업
• 원온원 도입 및 확산
• 배우고 또 배운다
Top Team 구성원 간의 신뢰
CEO
신뢰의 하방 전개
부서 간 신뢰
HBM 사례
신뢰 게임의 열매(6장)
전략 신뢰 게임(4장)
• 시프트 레프트 전략
• 제조 중심 회사에서 기술 중심 회사로의 변신
• DT 혁신
인사·조직 신뢰 게임(5장)
• 신뢰 게임의 중추 Top Team
• 기술 CEO의 장기 보임과 승계
• 겸손 리더십
• HR 탈중앙화
• 신상필벌 거리두기

는 것이고, 우리가 잘 가르칠 테니 HR은 다른 회사 넘보지 않을 성실한 친구로 뽑아 주는 게 현장을 도와주는 겁니다."

이렇듯 SK하이닉스가 된 후에도 오랜 기간 누적된 삼성과의 경쟁력 격차를 극복하는 것은 한동안 요원하게 보일 수밖에 없었다. 하지만 하이닉스는 자신만의 장점들을 조금씩 축적해 갔으며, 이러한 장점들은 마침내 다윗과 골리앗의 싸움에서 강력한 무기로 작용하게 된다.

이 책에서 필진은 메모리 반도체의 지각변동을 이끈 하이닉스 경쟁력의 핵심 요인을 '신뢰 게임'이라고 분석했다. 그 세부적인 내용을 도식화한 것이 위의 그림이다.

하이닉스는 문화 차원, 전략 차원, 인사·조직 차원의 신뢰 게임을 통해 Top Team 내 신뢰를 강화하고, 이들 간의 신뢰가 그대로 하부 조직으로 하방 전개(cascading)되어 부서 간 신뢰로 이어졌다. 이것이 바로 하이닉스 경쟁력의 핵심이었다. 그리고 이런 신뢰 게임의 가장 중요한 사례 겸 열매가 바로 HBM 사업이었다.

TRUST

Chapter 2

신뢰 게임

GAME

기업 경영은 신뢰 게임

좋은 기업문화를 가지고 싶은 기업들의 노력

"문화는 전략을 아침 식사로 먹어 치운다." 경영학 분야의 구루로 칭송받는 피터 드러커(Peter Drucker)의 이 유명한 격언은 최근 마이크로소프트의 사티아 나델라(Satya Nadella) 회장이 다시 강조하여 널리 회자되고 있다. 알다시피 전략은 기업의 목표 달성과 생존을 위한 필수적인 요소다. 그런데 전략이 문화에 비하면 하찮은 것에 불과하다고 말하는 것이니 기업문화가 기업 경영에 미치는 영향력이 얼마나 큰지를 상징적으로 보여 준다.

한번 생각해 보자. 새벽에 일어나 첫 끼니로 아침을 먹는 것처럼, 기업에서는 문화가 전략을 삼켜 버린다는 의미다. 아무리 훌륭한 전략을 세워도 그것을 실행할 조직 문화가 뒷받침되지 않으면 전략은 그저 종이에 쓰인 글자에 불과하다는 것이다.

정도의 차이는 있지만 기업문화의 중요성을 인식하지 않는 경영자는 찾아보기 어렵다. 대부분 기업은 강하고 좋은 기업문화를 구축하기 위해 투자를 아끼지 않는다. 그런데 소중한 것은 언제나 얻기 힘든 것일까? 많은 노력과 투자에도 불구하고 대다수 기업이 기업문화를 구축하는 데 어려움을 겪는다. 자신의 기업문화에 대해 자부심을 가지고 자랑할 수 있는 회사는 과연 얼마나 될까?

기업문화 구축에 실패하는 이유

이런 상황에서 누군가가 질문을 던진다. 멋진 기업문화는 가질 수 없는 신기루 같은 것인가? 왜 이렇게 많은 기업들이 문화 구축에 실패하는 것일까?

그 이유는 의외로 단순하다. 기업들이 '좋은' 기업문화를 구축하는 데는 상당한 노력을 기울이지만, '강한' 기업문화를 만드는 데는 그만큼 힘쓰지 않기 때문이다. 기업문화의 가장 고전적 정의는 구성원들이 당연한 것으로 받아들이는 '공유가치(shared values)'라는 것이다. 기업문화가 약하다는 것은 무엇일까? 가치를 공유하는 정도가 약해 각자 알아서 자신에게 가장 유리한 방식으로 판단하고 행동하는 '각자도생'의 상황에 가깝다. 이런 환경에서는 팀의 성공보다 개인의 성과가 우선시되고, 단기적인 성과를 위해 장기적인 가치를 희생하는 일이 빈번해진다.

이러한 각자도생의 상태는 근본적으로 서로에 대한 신뢰가 결여된 상황이다. 즉, 나의 생존은 오직 나만이 지킬 수 있고, 나를 둘러싼 환경은 나의 생존을 위협하는 적에 가깝다는 인식이다. 신뢰가 기반이 된 문화가 아니라 단지 좋은(정확히 말하면 '좋아 보이는') 문화를 만드는 것에만 몰입할 때, 문화 구축은 각자도생의 '약한' 문화를 벗어날 수 없게 된다.

많은 기업이 가지고 싶어 하는 좋은 문화의 예로는 도전적, 창의적, 혁신적, 고객지향적, 성과지향적, 원팀 스피릿, 윤리적 문화 등이 있다. 이를 위해 기업들은 자신만의 멋진 문화 코드를 만들어 내고 강조한다. 귀에 쏙 박히는 표현으로 행동 지침과 슬로건을 만들어 직원들 눈에 잘 띄는 곳에 걸고, 기업 광고의 소재로도 활용한다.

그러나 정작 강한 문화와 약한 문화를 가르는 데 중요한 요소인 신뢰 구축을 위해 어떠한 노력을 기울이는지에 대한 관심은 상대적으로 부족하다.

강한 문화와 각자도생 문화의 갈림길: 신뢰

신뢰란 무엇일까? 수직적으로는 각 계층의 상위자와 하위자 간 신뢰, 수평적으로는 타 부서와 동료에 대한 신뢰, 그리고 더 나아가 협력업체와 고객과의 신뢰를 포함한다. 이는 나를 둘러싼 상대를 믿고 상대와 협력하는 것이 나의 생존 가능성을 높일 것이라는 믿음이라 할 수 있다.

신뢰라는 주춧돌이 약한 문화 구축은 사상누각처럼 멀쩡히 쌓은 듯해도 사소한 자극에도 금방 무너져 버리거나, 밑 빠진 독에 물 붓기처럼 문화로 쌓이지 않게 된다. 겉만 번지르르한 기업문화를 떠들지만 실제 일선 현장에서의 생각과 행동에는 각자도생의 논리가 지배하게 된다.

기업문화는 신뢰라는 기반과 그 위에 기업만의 독특한 문화 가치가 서로 꼬여 있는 마치 DNA의 나선형 구조에 가깝다고 할 수 있다. 이러한 구조를 배경으로 좋은 문화는 강한 문화가 되어 구성원들의 사고와 행동에 영향력을 미치게 된다. 아무리 좋아 보이는 문화라도 구성원들이 신뢰하지 않는다면 무슨 소용이 있겠는가?

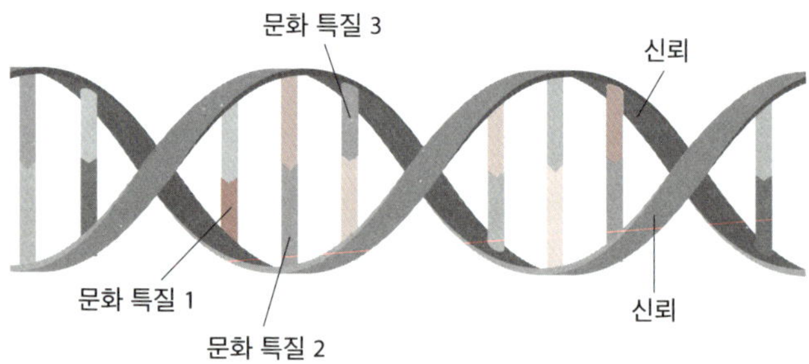

이처럼 기업문화는 신뢰 정도에 따라 강한 문화가 될지, 각자도생의 약한 문화가 될지가 결정되는 일종의 신뢰 게임이다. 많은 CEO들의 인터뷰를 보면 단골 메뉴가 기업문화인데, 대부분 좋은 (좋아 보이는) 기업문화를 상징하는 멋진 표현들을 사용하며 자신의 기업을 자랑한다. 하지만 강한 문화의 기반인 신뢰 구축에 관해 어떤 노력을 하였고 구체적인 사례가 무엇인지에 대해 이야기하는 경우는 거의 없다. 이런 회사의 현장 문화는 언제나 '각자도생'의 문화일 가능성이 크다.

"문화는 전략을 아침 식사로 먹어 치운다"라고 말한 피터 드러커와, 이를 다시 언급한 사티아 나델라 회장의 교훈이 맞는다면, 그리고 기업문화가 신뢰 게임이라는 사실을 이 교훈과 결합해 보면, 결국 신뢰 게임을 얼마나 잘 수행하는가에 따라 기업의 장기적 성장과 생존이 결정된다고 할 수 있다.

당신 회사는 신뢰 게임인가 정치 게임인가

신뢰 게임이란

신뢰 게임(trust game)은 행동경제학에서 인간의 신뢰와 협력, 그리고 상호성(reciprocity)을 실험적으로 측정하기 위해 고안된 게임이다. 상호성이란 받은 만큼 돌려주는 것을 의미한다. 주로 두 명의 낯선 사람(돈의 위탁자와 수탁자)이 참여하게 되는데, 위탁자가 상대에게 얼마를 보낼지 결정하는 과정은 상대방에 대한 신뢰 수준을 반영하며, 수탁자가 받은 돈 중 얼마를 돌려주는지는 신뢰에 대한 보답, 즉 상호성을 반영한다.

이 게임을 실제로 한번 상상해 보자. 당신에게 10만 원이 주어졌고, 이 중 얼마든지 상대방에게 보낼 수 있다고 가정해 보자. 그런데 여기서 흥미로운 규칙이 있다. 당신이 보낸 금액은 3배가 되어 상대방에게 전달된다. 그리고 상대방은 받은 금액 중 얼마든지 다시 당신에게 돌려줄 수 있다. 만약 당신이 5만 원을 보내면, 상대방은 15만 원을 받게 된다. 이때 상대방이 얼마를 돌려줄지는 전적으로 상대방의 선택이다. 만약 상대방이 7만 5천 원을 돌려준다면, 결국 당신에겐 12만 5천 원(남긴 돈 5만 원 + 돌려받은 돈 7만 5천 원)이 남게 되고, 상대방은 7만 5천 원을 갖게 된다. 서로 윈윈이다.

그러나 만약 상대방이 아무것도 돌려주지 않는다면? 당신은 5만 원밖에 남지 않고, 상대방은 15만 원을 모두 차지하게 된다. 이런 위험이 있기 때문에, 대부분은 처음 만난 상대에게 많은 금액을 보내기를 꺼린다. 하지만 신뢰와 협력이 서로에게 득이 되는 게임임을 인지한다면 사람들은 상당한 금액을 보내고, 또 돌려받아 윈윈의 상황을 만들게 된다.

신뢰 게임의 핵심은 참여자 간 믿음과 협력을 바탕으로 공동의 이익을 추구하는 상호 작용이며, 그 근간은 이 상호 작용이 서로의 이익을 극대화한다는 믿음을 갖는 것이다. 이 개념은 고스란히 기업 경영에 적용할 수 있다.

기업에서 신뢰 게임의 효과

기업 시스템은 본질적으로 협업 시스템이다. 날이 갈수록 R&R(roles & responsibilities)의 명확화만으로는 감당할 수 없을 정도로 협업의 복잡도는 커지고 어려워진다. 기업 경영이 신뢰 게임으로 운영될수록 그 기대 효과가 커지는 이유가 여기에 있다.

신뢰 게임을 기업 경영에 적용했을 때 그 효과는 대단하다.

- **협업 증진 및 시너지 창출**: 상호 신뢰를 바탕으로 조직 간 협력이 원활해지고 시너지가 창출된다.
- **혁신적 아이디어 발굴**: 심리적 안전감 속에서 자유로운 의견 교환이 이루어져 창의적이고 혁신적인 아이디어 창출 가능성이 높아진다.
- **효과적 문제 해결**: 투명한 정보 공유와 솔직한 소통을 통해 정확한 의사결정이 이루어진다.
- **직원의 높은 몰입도**: 신뢰받는 환경에서 직원들은 소속감과 만족감을 느끼고, 이는 높은 몰입도와 낮은 이직률로 이어진다.
- **긍정적 기업 이미지**: 내외부적으로 신뢰가 높은 기업은 우수 인재 확보, 고객 충성도 향상, 투자 유치 등 다양한 효과를 창출한다.

낯익은 정치 게임, 낯선 신뢰 게임

일반인들에게 낯익은 기업 경영의 모습은 신뢰 게임보다는 정치 게임에 가깝다. 거의 모든 기업 드라마나 영화는 정치 게임의 스토리고, 기업에서 신뢰 게임을 주장하는 사람은 세상 물정을 모르는 순진한 사람이라는 평가를 받기도 한다.

일반적인 정치 게임의 모습들을 한번 떠올려 보자. 드라마 〈미생〉이나 영화 〈인턴〉에서 보여 주는 회사 풍경처럼 권력 획득의 경쟁 게임, 책임 전가 게임, 정보 통제와 왜곡 게임, 조직 파벌 게임, 자원 확보 게임, 권력 줄서기 게임 등이 실제로 회사 생활의 본질처럼 운영되는 회사도 적지 않을 것이다. 더구나 신뢰 게임과 정치 게임을 비교해 보면 확실히 신뢰 게임보다는 정치 게임이 우리 눈에

	신뢰 게임	정치 게임
주요 목표	상호 협력을 통한 공동의 이익 극대화	개인 혹은 특정 집단의 영향력 및 이익 극대화
참가자 관계	상호 의존적·협력적 관계	경쟁적 관계 (계약에 의한 일시적 협력)
핵심 요소	신뢰, 협력, 투명성	정치 수완, 외교적 수사, 정보 통제
의사 결정	상호 합의, 집단 지성	강한 파워 소유자의 결정
성공 요인	상호 간의 믿음과 협력	설득과 협상 능력
가치	상호 이익, 장기적 성장	파워 확보, 단기 승리
기업문화	스피크업과 심리적 안전감, 협업 문화, 실패를 학습으로 연결	높은 사일로, 사내 정치와 경쟁, 실패는 과오
리더십	겸손, 경청	달변, 선동, 인기 영합, 보스(boss)

더 낯익은 모습으로 보인다.

하지만 집필진이 경험한 하이닉스에서는 특이하게도 신뢰 게임의 행동들이 훨씬 낯익고 정치 게임의 행동은 오히려 낯설었다. 보다 정확히 표현하면 하이닉스는 매년 신뢰 게임의 회사로 변화해 갔다. 이로 인해 하이닉스는 앞에서 살펴본 '신뢰 게임의 기업 경영의 효과'들을 고스란히 경쟁력 강화로 반영할 수 있었고, 이것이 지금 메모리 반도체 지각 변동의 진앙지가 되었다.

기업 경쟁력과 신뢰 게임

기업 경쟁력은 역량과 동기의 함수

기업의 경쟁력을 만들어 내는 가장 중요한 변수들을 가장 단순화시키면 역량과 동기다.

$$경쟁력 = 역량 \times 동기$$

경쟁력의 원천을 역량과 동기로 나누는 것은 SK그룹의 오랜 구분법이기도 하다. 역량 요소를 정적 요소(static factor), 동기 요소를 동적 요소(dynamic factor)로 표현하고, 이 두 가지를 높이는 것을 경쟁력의 기본 수단으로 생각해 왔다. 그리고 동적 요소를 SK그룹의 차별적 경쟁 요소로 삼고자 했다.

역량은 기술, 지식, 경영시스템 등으로 흔히 실력치라고 이야기하기도 한다. 그런데 실력치가 높을수록 경쟁력이 올라갈 가능성은 커지지만 이것으로 경쟁력이 보장되지는 않는다. 가진 실력치를 얼마나 활용하고 발휘하는가가 중요한데, 이것은 동기 요인에 달려 있다. 일의 의욕, 소통, 협업 등이 동기의 이슈들이다.

운동 경기에서도 이런 사례는 아주 흔하다. 기량이 뛰어난 선수가 열심히 뛰지 않고 팀워크를 발휘하지 않아 결국 팀에서 방출되어 다른 팀들을 전전하기도 하고, 반대로 기량이 다소 약해도 동기가 높으면 기량을 뛰어넘는 성과를 내는 경우도 많다.

역량과 동기의 결합에 의해 아래의 그림과 같은 경쟁력 곡선을 그릴 수 있다. 경쟁력을 더 높이기 위해서는 역량과 동기의 수준을 올려 더 높은 경쟁력 곡선 위에 존재해야 한다. 두 회사가 동일한 경쟁력을 가졌다면 같은 높이의 경쟁력 곡선에 위치하게 된다. 단 그 수준의 경쟁력을 만들어 내는 역량과 동기의 조합(mix)은 달라질 수 있다. 그림에서 가상의 C사는 상대적으로 역량 드리븐(driven), 가상의 D사는 동기 드리븐으로 동일한 경쟁력 곡선상에 있지만, 역량과 동기의 조합 차이로 서로 다른 위치에 있다. 다만 동일 경쟁력 곡선상에서는 경쟁력 차이는 없고 조합만 달라지므로 경쟁력 무차별 곡선이라고 부를 수 있다.

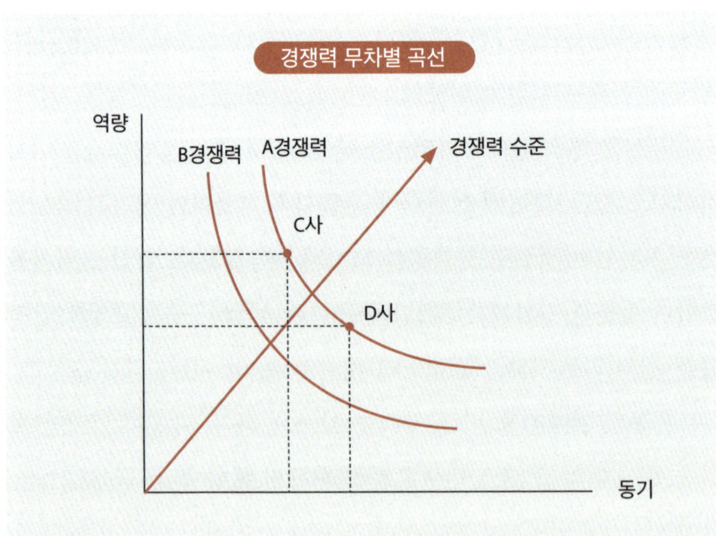

동기 드리븐(driven)의 하이닉스 경쟁력

이 프레임으로 하이닉스와 동종 업계 일등 기업인 삼성의 경쟁력 변화를 살펴보자.

최근의 하이닉스의 경쟁력이 삼성 수준에 다가갔다는 것은 그림상 B경쟁력에서 A경쟁력 수준으로 경쟁력 곡선이 상승했다고 할 수 있다. 하이닉스의 역량과 동기 수준이 상승했고, 그것이 경쟁력 곡선을 상승시켰을 것이다. 양사가 유사 경쟁력이 되어 동일한 경쟁력 곡선상에 위치한다고 가정해도 양사 간 역량과 동기의 조합은 동일하지 않다. 같은 A경쟁력 곡선상에서 양사의 경쟁력 조합 차이에 따른 상대적 위치는 어디쯤일까?

경쟁력은 현시점의 수준으로 이야기할 수 있지만, 현재의 경쟁력을 만들어 낸 역량과 동기 수준은 과거에서 지금에 이르기까지의 누적된 개념으로 보는 것이 타당할 듯하다.

지금의 경쟁력은 역량 누적 개념으로 보면, 기술 역량과 그 기반이 되는 인재 역량, 장비·시스템 투자, 메모리 주변 기술(점점 더 중요해지는 비메모리 관련 기술)에 관한 장기간의 축적이다. 이를 종합 고려하면 역량 누적분에서 양사의 격차는 과거보다 많이 줄었다고 하지만 여전히 일정 격차가 존재하는 듯하다. 장기간 누적된 기술 역량과 장비 투자, 그리고 인재 경쟁력의 차이는 단기간에 극복하기 어려운 수준이기 때문이다.

그렇다면 지금 하이닉스를 삼성과 동일한 경쟁력 곡선으로 끌어올린 하이닉스의 상대적 우위는 동기 요인으로 보는 것이 타당하다. 역량은 상대적 열위, 동기는 상대적 우위라는 하이닉스의 조합을 통해 지금의 경쟁력은 양사가 유사 수준이라고 볼 수 있을 것이다. 그림상에서 삼성은 가상의 C사, 하이닉스는 가상의 D사 위치에 가깝다고 할 수 있다.

지금의 하이닉스 경쟁력 강화를 이끈 필수 동력은 일차적으로 하이닉스의 역량 실력치 증대 노력이었다. 하지만 지금의 경쟁력을 경쟁사와 대등하게 만든 하이닉스만의 차별적 동력은 역시 동기 요인에 있다. 또한 역량과 동기의 두 요인만 놓고 보면, 동기가 역량 강화의 선행 변수가 된다. 높은 동기가 역량 캐치업(catch up)의 강한 추진력으로 작용하기 때문이다. 그만큼 동기 요인은 중요하다.

이 동기 요인들을 경영학에서는 흔히 문화적 요인으로 통칭한다. 그리고 문화는 기업에 축적된 신뢰의 정도에 따라 강한 문화와 약한 문화(각자도생)로 구분된다. 신뢰가 반도체 경쟁에서 얼마나 중요한 요인이 되는지를 자세히 살펴보자.

경쟁력 강화의 필요조건:
역량 강화를 위한 노력들

'삼성은 어떻게 하고 있대?'

역량 캐치업을 위한 노력은 경쟁력 강화의 필요조건이다. 역량 부분에서 선두 기업을 따라가려는 하이닉스의 빠른 추격자(fast follower) 전략은 나름대로 성공적이었다. 삼성은 허약한 이등이던 하이닉스를 경쟁자 수준으로 생각하지 않았을지 모르지만 하이닉스에게 삼성은 오랜 기간 가장 확실하고 명확한 일등 경쟁자였다.

"삼성은 어떻게 하고 있대?" 삼성을 따라가야 하는 하이닉스 엔지니어들이 습관적으로 자주 하는 질문이었다. 학교에서도 일등 학생은 다른 학생들에게 항상 벤치마킹의 대상이 된다. 일등 학생이 무슨 참고서로 공부하는지, 어느 학원에 다니는지, 몇 시간을 공부하고 몇 시간을 자는지는 항상 관심의 대상이 되고 따라 하고 싶어진다. 역량이 부족했던 하이닉스에게 삼성은 경쟁의 대상이면서 좋은 배움의 대상이었다. 삼성이 어떻게 하고 있는가라는 질문이 대화의 습관이 될 정도로 하이닉스는 삼성을 배우는 것에 진심이었다. 이런 점에서 일등 기업인 삼성이 바로 옆 동네에 있어 항상 비교와 배움의 대상이 되었다는 것은 하이닉스 입장에서 행운이었다.

소매 걷어붙이고 나선 역량 수혈

10년간 이어진 채권단하의 대규모 인재 엑소더스와 인재 확보 암흑기 상황은 하이닉스 역량 기반을 크게 약화시킬 수밖에 없었다. 이 역량 부족 현상을 가장 단기간에 보완시키는 방법은 대규모 외부 역량 수혈이었다. 삼성을 비롯한 여러 글로벌 기업으로부터 많은 인재를 영입해야 했다.

회사 차원에서는 시급한 역량 수혈이었지만 기존 구성원들 입장에서는 탐탁지 않은 점도 없지 않았다. 적지 않은 수의 외부 인력이 임원과 팀장 자리로 치고 들어온다는 것은 기존에 하이닉스를 지켜 온 인력들 입장에서는 자신의 경력 성장 기회를 영입 인력에게 빼앗기는 것이라 생각할 수 있었고, 기존 인력의 실력을 믿지 못한다는 시그널로 이해할 수도 있었다.

외부 영입이 지나치게 많다는 구성원들의 불만도 늘어나기 시작했다. 경영층에서도 조직 내 이런 우려를 파악하고 HR 채용 부서에 "외부 영입이 필요하지만 지금부터는 속도 조절을 해달라"라는 지시를 내리기도 했다.

여기서 흥미로운 에피소드 하나가 있다. 외부 채용의 속도 조절 지시에 대해 HR 채용 부서는 일단 그렇게 하겠다고 보고했지만 실제로 채용 속도 조절은 전혀 하지 않았다. 이론적으로는 영입의 속도 조절이라는 것이 가능하지만, 실제로는 최대한의 속도를 올려도 간신히 성사될까 말까 하는 것이 외부 톱 탤런트 영입이었다. 인재 전쟁의 현장에서 속도를 조절하면서 우수 인력을 채용할 수는 없었기 때문이다. 이렇듯 기존 구성원들의 불만을 야기하면서까지 부족한 역량 보완을 위해 대규모의 외부 수혈을 지속할 수밖에 없었다. 당시 채용을 담당한 한 임원의 경험담은 이런 상황을 잘 보여준다.

"사실 외부 채용의 실패 사례도 발생하곤 했습니다. 하지만 투자 개념으로 보았습니다. 모든 투자가 다 성공하는 것이 아니고 그 중에 몇 개만 대박을 터트려도 투자 효과는 성공이라 할 수 있습니다. 채용도 마찬가지였습니다. 채용을 많이 하다 보면 채용 실패 사례도 그만큼 늘어납니다. 하지만 이것 때문에 채용을 주저할 수는 없었습니다. 회사에 필요하지만 부족한 역량이 너무나 많았기 때문입니다."

SK그룹은 매년 미국에서 글로벌 인재 채용 행사를 가지는데, 이때 하이닉스의 Top Team과 본부장들은 거의 전원이 출동하여 열정적으로 행사에 참여한다. 행사 기간 동안 밤늦게까지 글로벌 인재들과 일대일 면담인 원온원(1 on 1)을 하면서 이들과 개인적 관계를 구축하고 지속적인 영입 노력을 기울이게 된다. 여기서 영입된 글로벌 인재들이 여러 분야에서 하이닉스의 실력치를 끌어올리는 데 큰 역할을 했다. 글로벌 채용에 처음 참석했던 과거 Top Team 임원의 경험담은 당시 상황을 생생하게 보여 준다.

"글로벌 인재 채용이라는 개념 자체가 낯설었어요. 내부 니즈도 약했고요. 리소스가 부족해 그들을 영입할 만한 매력적 제안조차 만들기 쉽지 않았을 거예요. 저도 글로벌 채용 행사에는 처음 참석했는데, 그 자체가 신선한 충격이었어요. 해외에 그렇게 훌륭한 인재들이 많은 줄도 몰랐고, 채용은 HR이 알아서 하는 줄 알았죠. 글로벌 인재들과 원온원을 해보니 채용도 채용이지만 그들의 경험과 통찰을 배우는 좋은 기회가 되었어요. 확실히 우리와 생각하는 관점과 방식이 달랐어요. 그들을 만나 보기 전까지는 사실 채용 니즈가 크지 않았는데, 만나 보고 나서는 채용 욕구가 마구 샘솟았어요. 아직 우리가 모르는 게 많다는 것을 실감하게 된 기회가 되었죠."

글로벌 반도체 회사인 T사 CIO를 지냈던 원로 한 분을 고문으로 영입했던 것도 하이닉스 역량 제고를 위한 작은 움직임이었다. 그는 T사를 은퇴하고 여유 있는 은퇴 후 생활을 즐기고 계신 분이었다. 몸담았던 분야는 우리와 다른 파운드리(주문형 반도체 제조업)였지만, 제조 현장에 관한 풍부한 경험과 지식을 가진 분이었다. 회사는 풀타임 근무를 원했지만, 그는 은퇴의 여유 있는 생활을 포기할 수 없었다. 결국 힘든 설득 끝에 짧은 시간의 파트 타임으로 일하게 됐고, 회사는 조직별로 그와의 면담 시간을 조율했다. 특히 연구소와 FAB(제조 현장)의 DT(digital transformation) 방향에 대해 그에게 많이 배웠다는 입소문이 나면서 많은 조직에서 면담 요청이 폭주했다. 그는 하이닉스에 올 때마다 거의 녹초가 될 정도로 많은 팀과의 미팅을 할 수밖에 없었다. 그만큼 각 조직들은 자신들의 역량 제고에 혈안이었다.

동일한 주제로 매년 반복된 상하반기 임원 워크숍

하이닉스의 조직 역량 강화에 지속적인 추진력이 된 것은 매년 두 차례(1월과 7월) 열린 임원 전체 워크숍이다. 워크숍의 주제는 매번 비슷했는데, 공통적으로 '본원적 경쟁력 강화'였다. 여기에서는 하이닉스의 객관적 실력치에 대한 냉정한 평가와 개선점에 대한 논의가 진행되었다.

이런 워크숍은 마치 우리가 정기적으로 건강검진을 받는 것과 같다. 특별한 병이 생겨서가 아니라 정기검진을 통해 숨겨진 문제를 조기에 발견하고 대처하는 것이다. 하이닉스도 이러한 정기적인 워크숍을 통해 경쟁력의 현 상태를 진단하고, 문제점을 조기에 발견하여 대응책을 마련하고자 했다.

임원 워크숍의 토의에서는 부문 간 임원들을 섞어 토의 조가 편성되는데, 평소에 듣지 못하는 타 부문의 솔직한 피드백을 들을 수 있게 했고, 협업을 위한 서로 간 이해의 장이 되도록 했다. 이와 관련해 몇 분의 경험담을 들어보자.

“저에게 임원 워크숍의 의미는 한마디로 냉정한 반성이었습니다. 회사의 재무적 성과가 좋아지면 이 정도면 그래도 잘한 거라는 생각이 들게 되거든요. 그런데 임원 워크숍의 발제 자료와 토론에서 객관적 경쟁력 평가와 타 부문의 냉정한 피드백을 듣게 되면 잠시 잊었던 우리의 실력치 현실에 대해 반성을 하지 않을 수 없었어요. 재무적 성과는 좋아졌지만 기술의 본원적 경쟁력 격차는 여전히 축소되지 않았고, 어떤 경우는 더 확대되고 있다는 것을 확인할 수 있었어요.”

“삼성이라는 일등 기업이 바로 옆에 있다는 것이 하이닉스에 큰 도움이 되긴 했어요. 그들과 실력치를 쉽게 비교할 수 있으니 항상 우리의 부족한 부분이 잘 드러났어요. 마치 공부 잘하는 옆집 아들과 비교되듯이, 이 정도면 우리도 잘했다 싶은데 그들과 비교하면 여전히 처지는 거죠. 특히 임원 워크숍에서는 경쟁사와의 실력치 비교가 더 깊이 논의되었어요. 이렇게 일등 기업을 배우고 따라가려 했던 부분이 결국 하이닉스의 실력치를 올리는 데 분명히 큰 역할을 했습니다."

"부문장들과 본부장들은 반성문을 서너 번은 썼던 것 같아요. 워크숍이 끝나면 CEO로부터 지금 우리의 본원적 경쟁력 문제에 대한 부문장의 생각을 에세이로 써 달라는 메일이 와요. 에세이는 자연스럽게 반성문 형태가 됩니다. 이런 반성문을 쓰게 되면 '와신상담'이라는 단어가 떠오르지 않을 수 없었어요."

SK로 편입된 이후 10여 년간 많은 인재의 수혈과 임원들의 지속적 반성에 기반하여 꾸준한 역량 강화를 이루어 낸 결과, 지금에 와서는 경쟁사와의 경쟁력 격차를 상당 부분 줄일 수 있게 되었다.

반도체 게임의 오랜 룰: 치열함

하이닉스의 문화적 장점, 치열함

동기 요인에서 반도체 경쟁의 승리 요인으로 누구나 이야기해 오던 요인은 바로 치열함(혹은 독함)이다. 하이닉스가 힘든 위기 상황을 몇 번이나 거치면서도 살아남을 수 있었던 것은 이 치열함이라는 문화 코드를 한시라도 소홀히 하지 않았기 때문이다. 여기에는 절대적으로 자원이 부족했던 하이닉스가 생존의 문턱에서 치열함 이외에 어떤 선택지도 갖지 못했기 때문이기도 하다.

SK 인수 후 하이닉스 구성원들에게 과거 하이닉스의 문화적 장점을 표현하는 단어를 선택하게 했는데, 압도적으로 많이 선택한 단어는 바로 '치열함과 독함'이었다. 그리고 이 독함의 문화를 계속 유지하기 위해 하이닉스인의 행동 강령으로 '독한 행동'이란 것이 만들어지기까지 했다.

기술 미세화의 반도체 전쟁은 참으로 피 말리는 시간 싸움의 연속이었다. 한 업체가 먼저 고성능 미세화 제품을 만들면 고수익 시장을 독점적으로 미리 향유하고, 후발 업체의 제품 출시 시점에 맞추어 다시 가격 경쟁으로 돌입해 버리기 때문이다. 이런 경쟁이 상시화되어 언제나 죽기 아니면 살기의 시간 싸움은 말 그대로 전시 상황 그 자체였다.

하이닉스의 전시 상황과 같은 치열함을 잘 느낄 수 있는 예로 매년 창립기념일에 발표되는 창립기념사를 한번 보자. 2015년 32주

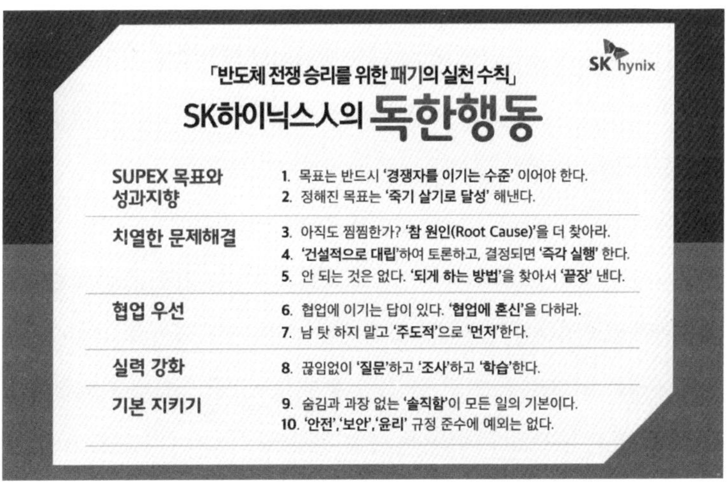

2016년 SK하이닉스의 '독한 행동' 행동 강령

년 창립기념사를 자세히 살펴보면, 사용된 단어들이 보통 훈훈한 내용의 창립기념사에서 흔히 볼 수 있는 용어들이 아니다. 기업 존폐, 위기감, 피땀, 도전, 긴장의 끈, 끊임없는 위기, 무한경쟁, 간절함, 치열함, 모질게 싸우던 기개, 존폐의 위기, 초인적인 힘, 영웅, 강한 행동, 치열하고 독한, 심기일전 등의 단어들은 마치 전쟁 출정식에서 선포되는 의연한 결의문을 보는 느낌이 들 정도다.

> SK하이닉스가 올해로 서른두 번째 창립기념일을 맞았습니다. (…)
>
> 하지만, 한순간에 **기업의 존폐**가 뒤바뀌는 주변 상황을 보면서 **위기감** 또한 느끼고 있습니다. 지금의 SK하이닉스를 만들기 위해 함께 해온 선후배들의 **피땀** 어린 노력과 우리 구성원들의 **패기**를 떠올리며 다시 **도전** 정신을 다잡지만, 항상 **긴장의 끈**을 놓을 수가 없습니다.
>
> 저는 취임 이후 반도체 업계가 **끊임없는 위기**에 놓여 있다는 것을 거듭 강조해 왔습니다. 실제 반도체 업계의 **무한 경쟁**은 **더욱 치열**해지고 있습니다. 우리는 목표를 향해 한 발씩 걸어가고 있지만, 장애물을 만나게 되면 그 걸음이 흐트러지기도 하고 때론 느려지기도 합니다. 이를 극복하기 위한 답은 우리 내부의 **간절함과 치열함**에 있습니다. 우리가 가진 체력 이상으로 **모질게 싸우던 기개**, 그리고 **존폐의 위기** 앞에서 **초인적인 힘**을 발휘하던 진정한 **영웅**들이 필요합니다.
>
> 저는 여러분 한 사람 한 사람 모두가 **뛰어난 영웅**임을 믿습니다. 여러분은 누구보다 SK하이닉스를 사랑하고 아끼는 마음으로 이곳을 지켜온 SK하이닉스의 주인이자 그 자체입니다. 저는 여러분의 살아

있는 애정이 어떤 훌륭한 경영자나 시스템보다 더 **강한 힘**을 갖고 있다고 생각합니다. 그 소중한 마음을 하나로 모으고 **강한 행동**으로 이어 나가기 위해 모두의 새로운 마음가짐과 변화가 필요합니다. 이제 우리 안에 내재된 **치열하고 독한** DNA를 새로운 기업문화라는 그릇에 담아 **치열한** 글로벌 경쟁 환경에서 이길 수 있는 **힘**으로 **응집**시켜야 합니다. 우리 모두가 SK하이닉스의 위대한 내일을 열어 가는 주인공이 될 수 있도록 **심기일전**의 마음을 다지는 창립기념일이 되기를 기원합니다.

평시 체제와는 달랐던 전시 체제의 반도체 산업

전시 상황이 일상화된 임원들의 근무 시간도 일반 기업들과 다른 특이점이 있었다. 임원들은 새벽 출근, 주말 오전 근무가 생활화되어 있었다. 이뿐만 아니다. 고객들이 글로벌 기업들이기에 긴급한 메일들이 24시간 오고 가기를 멈추지 않는 상황이라 상시적으로 장시간 근무가 일상화되었다. 이는 삼성도 더 심했으면 심했지 덜하지는 않았을 것이다. 반도체업의 치열함을 엿볼 수 있는 한 임원의 당시 일기를 소개한다.

하이닉스로 입사한 지 3년째가 되어 간다. 입사한 이래 계속된 고민은 "이 회사는 왜 이렇게 일하기가 힘들고 고달픈가?"이다. 새벽에 출근해야 하고 주말에도 출근해야 하고, 그렇게 해도 업무 시간에는 정신없이 바쁘고, 집에 들어가서는 쓰러져 자기 바쁘고, 골프나 주말

여행을 다녀온 지가 언제인지 모르겠고…….

최근 이 질문에 대한 스스로의 확실한 답을 찾았다. "아, 이 회사는 전쟁 수행 중이고 전시 체제구나." 이렇게 생각하니 헷갈렸던 것들이 모두 명쾌해진다. 반도체업은 "검투사 산업"이라고도 한다. 이기지 못하면 죽는, 정말 전쟁 그 자체다. 내가 과거 근무했던 회사들은 "평시 체제"의 회사였다. 가끔 회사가 힘들어질 때는 "비상 경영"을 선포해서 한두 달 군기 잡기를 시도하기도 하지만 대부분의 시간은 정상 경영의 상황인 "평시 경영"이었다.

하이닉스 입사 전에 삼성 임원들이 6시 반 출근이라는 이야기를 들었다. 스마트 경영이라는 것이 중요해진 오늘날에 정말 한심한 방식이라고 생각했다. 보여 주기식이고 전근대적 방식의 발상이라고 생각했다. 평시 경영 상황에서만 살아온 나는 "전시 체제의 경영"을 이해할 수 없었다. 지금도 타사의 임원 친구들은 나에게 "그렇게 일찍 출근하고 주말까지 출근한다니 무슨 할 일이 그렇게 많니?" "오전 시간이 엄청 길고 지루하겠다"라는 식으로 이야기한다. "오전이 언제 가는지 모를 정도로 빨리 지나가고, 주말에 나와야 그나마 생각 정리의 시간을 가진다"라는 말을 하면 잘 이해하지 못한다. 평시 체제의 경영만 익혀 온 그들은 예전의 나처럼 "전시 체제"를 이해하기 어렵다. 끝나지 않는 전쟁을 치러야 하는 반도체업에 입사한 연유로 이런 힘든 업의 본질을 기꺼이 받아들여야 하는 운명인가 보다.

[2015년 8월 14일]

장시간 근무(work long)가 치열함과 동일한 의미가 아님은 당연하다. 하지만 반도체업에서는 이 두 가지를 굳이 구분하면서 어느 것이 옳은지를 따질 여유도 없었다. 시간 싸움의 전쟁 상황에서는 장시간 근무가 필요한 절박한 상황이 자주 나타나는 것도 사실이기 때문이다. 하이닉스와 삼성 모두 치열함이 반도체 승리의 중요한 필요조건임을 잘 이해해 왔고, 양사 모두 극단의 치열함을 생활화했다는 점에서 누가 더 치열한지를 따지는 것은 큰 의미가 없을 것이다.

최근에 원로학자와 기업인의 모임인 한국공학한림원에서 우리나라 반도체 기업들의 치열함이 공히 약화되고 있고, 이것은 반도체업의 위기로 이어질 수 있다는 진단을 했다고 한다. 치열함은 반도체 게임의 지속적 룰이었기에 치열함이 정말 약화되었다면 원로들의 우려처럼 걱정스러운 일이 아닐 수 없다.

52시간 근로시간 법제화와 치열함

치열함 약화의 원인 중 하나가 '52시간 근로시간 법제화'라는 이야기가 많다. 이는 동의되기도 하면서 동시에 동의되지 않기도 하는데 각각에 대해 이야기해 보겠다.

근로시간 규제는 분명 상당한 핸디캡 요인

먼저 동의되는 측면을 이야기해 보자. 메모리 반도체 시장의 글로벌 경쟁 상황을 고려하면 우리 기업들이 받는 근로시간 규제는 분명 상당한 핸디캡 요인임에 틀림없다.● 일반적인 의미에서 장시간 근로가 필요한데 규제가 그렇게 하지 못하게 한다는 측면을 이야기하는 것은 절대 아니다.

엔지니어들이 몰입해서 일을 해야 할 상황에서도 항상 제한된 시간 내에 일을 끝내야 하고, 규제 시간 초과 여부를 체크해야 하는 부담이 적지 않은 것이다. 이는 일의 몰입에서 집중력을 상당히 분산시키는 결과를 초래한다. 마치 프로 바둑에서 한쪽은 제한 시간이 부여되고 다른 한쪽은 제한 시간 없이 바둑을 두게 하는 것과 비슷하다. 이러면 기울어진 운동장이 된다. 바둑에서 제한 시간을 다 쓰면 초읽기에 돌입하게 되는데, 아무리 잘 두는 바둑 기사도 초읽기에 들어가면 소위 '떡수'라는 것을 남발하게 된다. 우리나라 기업의 엔지니어들이 장고의 고민이 필요할 때 마치 초읽기로 바둑을 두어야 하는 상황이 발생하는 것이다.

52시간 법제화가 만들어지기 몇 년 전인 2014년, 하이닉스에는 '몰입 프로젝트'라는 이름의 근무 형태가 활성화되기 시작했다. 몰입 프로젝트가 시작된 것은 한 팀의 '폐관수련'●● 때문이었다. 그들

● 미국 기업들은 근로자를 Exempt와 Non-Exempt를 구분하여 지식근로자인 엔지니어들을 초과근무수당 대상이 아닌 Exempt로 규정하여 물리적으로 근무시간 관리를 하지 않는 대상으로 보고 있다.

은 낸드 콘트롤러의 고질적 문제를 해결할 때까지 '폐관수련'을 실행했다. 그 기간 동안 엔지니어들은 연구실에만 파묻혀 잠자는 시간 이외는 모든 시간을 프로젝트 완성에 매진했던 것이다.

이 성과가 사내에 알려지면서 몰입 프로젝트라는 이름으로 폐관수련 형식의 프로젝트가 확산되었다. 여기서 주목할 점은 몰입 프로젝트는 해당 팀의 자발적 결정이었고, 그런 이유에서 장시간 근무에 대한 직원들의 불만은 거의 들을 수 없었다는 점이다. 몰입 프로젝트를 등록하면 회사가 '몰입룸'이란 것을 별도로 제공하고 숙소와 식사, 간식 등 각종 편의 지원을 제공했고, 몰입 근무를 마치면 상당한 휴식 기간도 부여했다.

이런 몰입 근무는 일의 집중도를 단기간에 극도로 높여 문제를 해결하는 데 아주 유용한 하이닉스의 근무 형태가 되었다. 지금의 52시간 근로시간 법제화 틀에서는 엔지니어들이 이런 몰입 근무를 선택하기 쉽지 않다. 그만큼 우리나라 엔지니어들이 자율적이고 주도적으로 선택할 수 있는 근무 방식에서 제약 요소가 생긴 것이다. 어떤 식으로든 보완이 필요한 부분이다.

치열함은 장기 시간 근무가 아닌 몰입 여부

다음은 52시간 근로시간 법제화가 치열함을 낮춘다는 것에 동의되

●● 폐관수련이란 문을 닫고 외부와의 연락을 끊은 채 오로지 수련에만 집중하는 것을 의미하는 사자성어로 강한 의지를 가지고 목표에 전념하는 모습을 상징적으로 보여주는 표현이다.

지 않는 부분이다. 아직도 '월화수목금금금'의 관점으로 치열함을 인식하는 부분도 적지 않다. 하지만 반도체의 치열함을 물리적 근무 시간의 잣대로 판단하는 것은 예전에는 맞았을지 모르지만 더 이상 그렇지 않다. 과거 반도체업에서는 상급자의 엄격한 통제와 지시에 따라 일사불란하게 실행하는 문화가 강했다. 상급자들의 의사결정을 실무자들의 반복적 실행에 의해 돌파하게 되면 그것은 성과로 연결되었다. 10번보다 20번, 20번보다 50번의 치열한 반복적 실행이 난관 돌파의 관건이었다.

지금의 반도체업은 극도의 VUCA 환경으로 변했다. VUCA는 휘발성(volatility), 불확실성(uncertainty), 복잡성(complexity), 애매모호성(ambiguity)의 머리글자를 딴 용어로 정답을 찾기 힘든 요즘의 경영환경을 상징한다. 오늘날에는 기술과 시장이 어느 날 어떻게 변할지 참으로 예측하기가 쉽지 않다. 기술 미세화의 물리적 한계들이 관계없어 보였던 기술이나 생각지도 못한 혁신으로 돌파되기도 한다.

3D 크로스 포인트(X point)처럼 메모리 시장의 판을 흔들 것이라고 긴장했던 기술은 시장에서 반응을 얻지 못해 사라지기도 하고, HBM처럼 큰 기대를 하지 않았던 기술과 제품이 대박을 터트리기도 한다. 반도체업에서도 VUCA는 한마디로 그동안 의사결정자들이 가졌던 명확한 맵(map)을 없애 버렸다. 이제는 맵도 없지만 설사 맵이 정해 준 대로 성실한 실행을 반복한다고 해도 기술의 한계를 풀어내기가 어렵게 되었다. 오히려 맵에 없는 것을 새롭게 시도하여 찾아내는 혁신이 필요한 상황에 이르렀다.

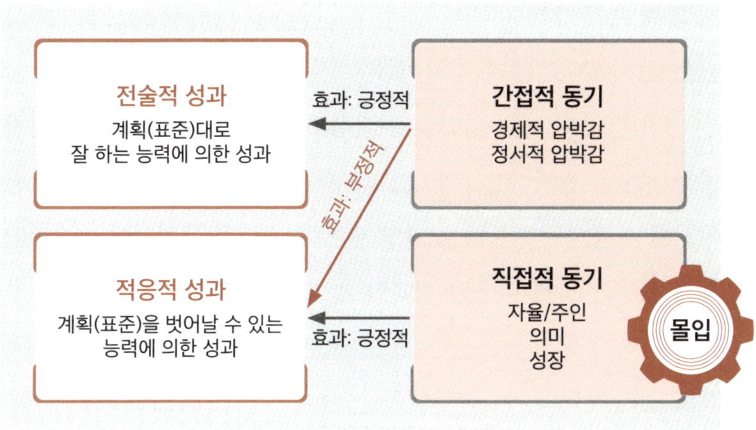

닐 도쉬와 린지 맥거리거[•]는 성과를 계획과 표준대로 열심히 해서 얻는 '전술적 성과'와 오히려 계획 및 표준을 벗어나 스스로 알아서 잘해서 얻는 '적응적 성과'로 구분했는데, VUCA 시대의 반도체업에서 만들어지는 성과가 바로 적응적 성과에 가깝다.

전술적 성과와 적응적 성과는 각각의 성과 창출을 위한 동기부여 방식이 전혀 다르다. 전술적 성과에는 당근과 채찍이 만드는 경제적·정서적 압박감 부여 방식이 어느 정도 효과가 있지만, 스스로 알아서 잘해야 하는 적응적 성과에 이런 압박감은 오히려 성과를 떨어뜨린다.[••] 압박감의 동기부여가 클수록 스스로 알아서 하려는 동기부여가 떨어지는 것이다. 적응적 성과를 동기부여하는 것은 오

• 닐 도쉬·린지 맥거리거, 2021, 『무엇이 성과를 이끄는가』, 유준희·신솔잎 옮김, 생각지도.

•• 닐 도쉬·린지 맥거리거, 2021, 위의 책, 89쪽에서 요약.

직 일에 대한 성취감, 의미감, 성장감과 같은 직접적 동기에서 비롯되는 일 자체에 대한 몰입감이다.

하이닉스에서는 혁신의 근간을 "엔지니어 손맛"이라고 자주 표현했는데, 엔지니어들이 스스로 알아서 아이디어 도출과 새로운 시도를 실천하는 행동을 묘사한 용어다. 이러한 엔지니어의 손맛을 통한 성과가 바로 적응적 성과라 할 수 있다. 이 성과를 만들어 내는 것은 압박감으로 만드는 장시간 근무가 아니라 바로 엔지니어들의 몰입인 것이다.

몰입이란 "에너지와 열정을 담아 일을 한다"라는 의미다. 에너지와 열정 없이 장시간 자리만 지키고 있다면, 머리와 마음으로써 일을 한다는 지식근로자는 과연 일을 하고 있는 것인가 놀고 있는 것인가? 미국의 노동 법규가 엔지니어들을 시간으로 관리할 수 없는 대상으로 규정하는 것은 이들이 물리적 시간으로 일하는 사람이 아니라 두뇌의 몰입으로 일하는 지식근로자라는 인식 때문이다.

이제 반도체업에서 치열함이라는 경쟁력은 누가 더 장시간 자리를 지키느냐가 아니라 누가 더 몰입해서 일하는가로 인식해야 한다. 더구나 기업들은 급속히 달라지는 사회적 변화를 중요한 기업 환경의 변화로 받아들이지 않으면 안 된다. 일과 삶의 균형(work and life balance)을 중시하는 MZ세대가 인력의 대다수가 되었다. 이 세대에게 강제적 장시간 근무는 몰입을 높이는 것이 아니라 더 약화시킬 가능성이 농후하다. 또한 장시간 근무의 일상화로는 젊은 우수 인력을 유인할 수도, 유지할 수도 없다.

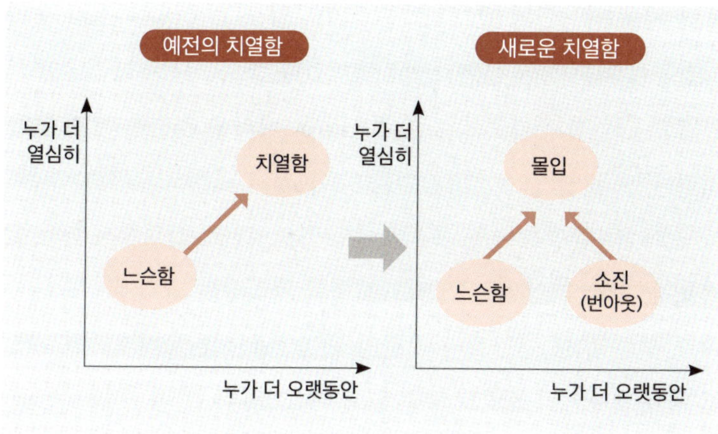

지금의 새로운 법적·사회적 환경은 노동 시간을 치열함의 변수가 아닌 상수에 가깝게 만들었다. 치열함은 이제 직원의 몰입이라는 새로운 관점으로 재정의되어야 한다.

VUCA 시대의 치열함은 몰입

치열함을 몰입(engagement)이라는 관점으로 생각하는 것은 사실 우리 기업들에게 익숙한 관점은 아니다. 과거 우리 기업들이 가진 놀라운 성공 경험의 원동력은 누가 뭐래도 치열함이었다. 지구상에서 가장 긴 노동 시간을 마다하지 않고 일해 온 성실함이었다. 그러고 보면 치열함은 단지 반도체업뿐만 아니라 모든 산업에 걸쳐 우리 기업들이 이룬 성공 신화의 원동력이었다. 노동 시간이라는 측면의 치열함에서 전 세계적으로 한국 기업을 따라올 기업은 많지 않을 것이다.

그럼 치열함을 노동 시간이 아닌 몰입이라는 관점에서 한번 살펴보자. 한국 기업들은 VUCA 시대의 치열함인 몰입에서도 세계 최고 수준일까? 연구조사 기관인 갤럽(Gallup)은 오래전부터 매년 전 세계 직장인의 몰입도 수준을 조사하고 있다.

그런데 한국 기업들의 직원 몰입도 수준의 결과는 놀라울 정도로 낮은 수준을 보인다. 어느 한 해가 아니라 지속적으로 낮다. 2021년 기준으로 몰입하는 직원 비율의 세계 평균이 21퍼센트인데, 한국은 12퍼센트다. 몰입 비율이 매우 높은 나라 중 하나가 미

출처: State of the global workplace: 2022 report, Gallup

국인데 35퍼센트 수준이다. 우리 기업들에 비해 무려 3배나 높다. 이 조사 결과를 따르면, 한국은 머리와 마음으로 일해야 하는 지식 기반 경제 시대에 머리와 마음이 가장 게으른 나라인 것이다.

직원 몰입도에 따라 재무 성과, 고객 만족, 생산성, 이직률 감소 등 많은 기업 성과 지표에서 확연한 차이를 보여 주는 연구는 무수히 많다. 기업 경영에서 직원 몰입도의 중요성은 더 강조할 필요가 없을 정도다.

몰입도가 12퍼센트인 우리 기업들이 35퍼센트의 미국 기업들과 과연 경쟁 상대가 될 것인가? 이 조사 결과는 심각한 경고등이 아닐 수 없다. 어쩌면 이보다 더 심각한 것은 어디서도 이런 결과에 대한 우려의 목소리를 들을 수 없다는 점이다.

갤럽은 직원 몰입도에 가장 큰 영향을 주는 변수도 찾아냈다. 직원 몰입도를 결정짓는 약 70퍼센트는 상사에 대한 신뢰였다. 몰입이라는 치열함을 결정짓는 핵심 요인은 역시 신뢰라는 것이다. 이를 뒷받침하는 또 하나의 대표적인 사례가 구글의 아리스토텔레스 프로젝트(Project Aristotle)다. 이 프로젝트에서 구글은 회사 내 고성과 조직들이 가진 고성과 비밀이 무엇인지를 알아내려 했다. 그리하여 그들이 찾아낸 비밀의 첫째 조건은 바로 심리적 안전감이었다. 심리적 안전감이란 '구성원들이 자신의 생각과 의견, 심지어 실수까지도 비난이나 부정적 평가에 대한 두려움 없이 솔직하게 이야기할 수 있다고 믿는 신념'을 의미한다. 심리적 안전감은 바로 조직 내 리더와 동료에 대해 갖는 신뢰의 다른 표현이기도 하다. 결국 신뢰가 구글 내 고성과 조직의 비밀이었던 것이다.

우리 기업들은 그 어떤 나라보다도 성과 제일주의를 표방한다. 그렇다면 갤럽과 구글에서 행한 이 엄청난 연구 결과를 주목해야 한다. 성과를 높이기 위해서는 신뢰와 몰입을 어떻게 높여야 할지에 총력을 기울여야 할 것이다.

앞서 말했듯이, 한국공학한림원은 한국 반도체 기업의 심각한 위기를 이야기하면서 52시간 근로시간 법제화가 치열함의 약화에 영향을 주었다고 진단했다. 하지만 VUCA 시대에 치열함의 본질이 '몰입'이라는 것과 몰입을 이끄는 리더에 대한 '신뢰'라는 것에 대해서는 언급이 없었다. 치열함을 몰입으로 바라보는 관점이 아직 우리 기업들에는 상대적으로 부족하다는 아쉬움이 남는다.

이후 좀 더 자세히 살펴보겠지만 기업 경영을 신뢰 게임 차원으로 이끌어 온 하이닉스는 몰입의 치열함을 높이는 것에서 보다 유리한 입장이었다고 할 수 있다. 더구나 SK그룹의 경영철학서인 SKMS(SK Management System)에서 가장 강조되는 단어가 VWBE(Voluntary/Willing Brain Engagement)라는 것인데, 이는 바로 몰입을 뜻한다.● SK그룹의 경영시스템은 VWBE를 가장 활성화시키는 방향으로 설계된다. 이러한 SKMS를 경영철학으로 가진 하이닉스는 상대적으로 몰입이라는 치열함을 더 강조하고 더욱 높이고자 노력할 수밖에 없는

● Engagement는 일반적으로 몰입이라는 의미로 사용된다. SK에서는 VWBE의 Brain Engagement를 두뇌 활용이라고 표현하는데, 실질적으로 몰입과 거의 동일한 개념이라 할 수 있다.

입장인 것이다.

반도체 게임의 룰 체인지: 협업력

협업력이 반도체업의 경쟁력을 좌우

오랜 기간 치열함의 게임이었던 반도체 업계는 또 다른 형태로 변하고 있었다. 바로 기술·제품 개발을 둘러싼 협업 게임이다. 좁은 의미에서 협업이란 회사 내 여러 조직 간의 협업이고, 넓은 의미에서는 외부의 장비·소재 업체와 고객까지 포함된 에코(eco) 협업력이다. 이와 관련해 하이닉스 내부 이야기들을 소개한다.

"예전의 제품은 그래도 쉬웠어요. 뛰어난 몇 명의 엔지니어가 문제를 풀어내면 기술 개발이 가능했죠. 각각의 기능이 맡은 일에서 열심히 달리면 해결되었는데, 이제는 기술이든 제품이든 너무 어렵고 복잡해졌어요. 하나를 풀면 다른 것에서 얽히고, 이것을 풀면 또 다른 것이 막히죠. 전체의 최적해를 찾아내야 하는데 엄청난 협업이 필요해진 것이죠."

이는 마치 퍼즐을 맞추는 것과 같다. 예전에는 몇 개의 큰 조각으로 된 퍼즐이었다면, 지금은 수천 개의 작은 조각들로 이루어진 복잡한 퍼즐이 되었다. 한 사람이 모든 조각을 맞출 수 없고, 여러 사람이 함께 협력해야만 완성할 수 있는 것이다.

"새로운 기술이 나오기 위해서는 재료도 달라져야 하고, 장비도 달라져야 하고, 공법도 달라져야 합니다. 외부 소재업체, 장비업체와 팀처럼 함께 일해야만 하는 이유입니다."

"예전의 기술 개발도 쉽지는 않았습니다. 하지만 그 어려움들은 치열함을 배가하면 극복 가능했어요. 콘크리트 장벽 같은 장애요인도 망치로 열심히 두드리면 깨졌던 것이죠. 그래서 반도체 경쟁은 누가 더 열심히 망치를 두드리느냐의 싸움이었고 10번 두드리는 것보다 15번, 15번보다는 20번 두드리는 쪽이 더 빨리 기술을 개발할 수 있었습니다. 바로 치열함의 경쟁이었죠. 그런데 지금은 기술의 한계까지 온 싸움입니다. 그래서 아무리 치열함을 가지고 망치로 두드려도 장애 요인이 잘 뚫리지 않아요. 장애 요인의 벽을 뚫는 힘은 이제 협업의 힘으로 가야 하죠. 나를 둘러싼 모든 관련 조직, 외부 장비·소재 업체, 그리고 고객까지 포함된 에코의 힘이 기술 장애를 극복할 수 있게 합니다."

이 비유는 아주 명확하다. 콘크리트 벽을 반복적인 망치질로 부수는 것에서, 이제는 다양한 도구와 전문가의 협력으로 정교하게 문제를 해결해야 하는 시대로 변한 것이다. 시장과 고객으로부터 새로운 융복합화의 기술·제품 요구가 커지고, 반도체 기술 미세화는 극한을 넘어섰다. 시장·기술 환경의 변화는 반도체 기업들의 환경 감지 능력과 보유 기술 역량을 뛰어넘고 있다. 시장의 요구 수준과 기업 보유 역량 간 갭이 발생하고 있는 것이다. 이런 상황에서 기업이 시장에 대응할 수 있는 가장 빠르고 확실한 방법은 조직 내 모든 기능뿐만 아니라 조직 외부 업체들과의 협업까지 최대로 끌어내는 것이다. 다음은 협업의 힘을 느꼈던 한 임원의 회고담이다.

"디램 개발 때 일이었어요. 소자 문제가 도저히 풀리지 않았어요. 시일은 지나가고 미치겠더라고요. 연구소 공정 K 담당 임원에게 도움을 요청했는데, 그 임원이 정말 자기 일처럼 몰입해서 도와주었어요. 나중에는 외부 장비업체까지 동원하면서 그 문제를 풀어 주더라고요. 지금도 K 담당 임원의 고마움을 잊지 못하고 있죠."

마치 의료 현장에서 환자의 복잡한 질환을 한 명의 의사가 해결하지 못하면, 여러 분야의 전문의들이 모여 협진을 하고, 때로는 외부 전문가나 첨단 의료장비까지 동원하여 문제를 해결하는 것과 유사한 형태다.

협업력을 높이는 레버는 신뢰의 원팀 스피릿

그러면 조직 내외의 협업력을 높이는 레버는 무엇일까? 어느 회사는 협업을 잘하고 어느 회사는 협업을 잘하지 못하는 차이는 어디서 나오는 것일까? 조직 내부 에코 플레이어와의 협력은 협의의 협업인데, 그 강도가 매우 높아야 하는 협업이다.

협업에 대한 일차적 접근은 협업 시스템이다. 공통 KPI(Key Performance Indicator)를 설정하고, R&R(roles & responsibilities)에 협업 프로세스를 명시하고, 아울러 협업 소통 지원 시스템들을 구축한다. 여기에 협업 TF라는 조직까지 추가하기도 한다. 기업 규모가 커질수록 조직은 복잡해지고 사일로도 높아질 수 있어, 이러한 협업 시스

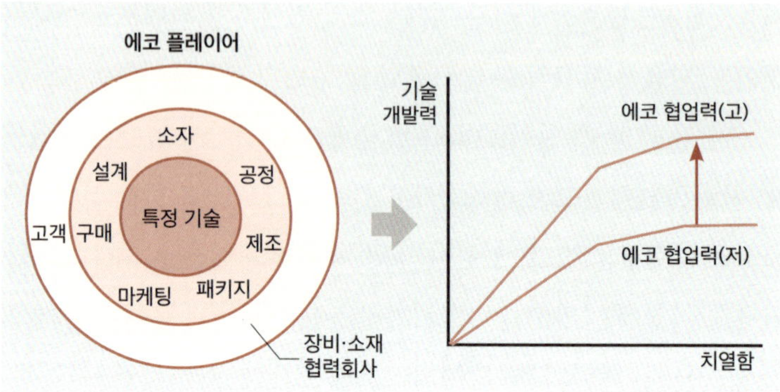

템은 반드시 필요하다.

하지만 협업 시스템 구축만으로는 협업을 완벽한 수준으로 만들지 못한다. 협업이 가지는 복잡하고 디테일한 프로세스를 공통 목표나 R&R로는 다 커버하지 못하기 때문이다. 협업이 공식적인 협업 시스템에만 의지하려 할 때는 세세하게 담을 수 없는 R&R로 인해 새로운 논쟁을 불러일으키고, 여기에 에너지와 시간이 또다시 낭비될 가능성이 높아진다.

사실 R&R의 명확화는 효율을 높이기 위한 분업 시스템에서 출발하는 것이라, 조직 내에서 R&R 명확화 이슈가 대두되는 것은 "협업이 불편하고 비효율이 발생하니 분업을 더 명확히 해달라"는 요구와 동일하다. 이런 이유로 인해 협업을 위한 R&R의 명확화는 기대와 달리 부서 간 소통과 협업을 더 저해하는 엉뚱한 결과를 만들어 내는 경우가 허다하다.

협업 시스템이 보다 완벽하게 작동하기 위해 반드시 필요한 것은 원팀 스피릿이라고도 하는 협업 문화(마인드)다. 협업 문화는 본질적으로 서로에 대한 신뢰다. 단기적 자기희생이 손해가 아닌 더 큰 이익으로 자신에게 돌아올 것이라는 믿음과, 협업 관련 조직들이 공동 목표를 우선 추구하고자 하는 마음이다. 서로에 대한 신뢰라는 문화가 마련되어 있지 않으면, 협업 시스템은 최대의 협업 노력보다 R&R 규정만 지키는 최소의 협업 노력으로 움직이는 '책임 면피' 시스템이 되기 쉽다.

신뢰가 협업의 기반이 되어야 하는 이유는 인간의 두뇌가 그렇게 만들어져 진화되어 왔기 때문이다. 과거 수백만 년 동안 인간은 많은 위협 속에 놓여 있었고, 인간 뇌의 편도체는 이러한 잠재적 위협에 즉각적으로 반응하도록 진화해 왔다. 신뢰가 없는 상대는 잠재적 해를 끼치는 적으로 일단 간주하는 것이 보다 안전했다. 지금도 이 편도체의 힘은 여전히 강하다. 상대에 대한 신뢰가 만들어지지 않으면 협력하지 않으려는 뿌리 깊은 본능이 작동하게 되어 있는 것이다.

협업은 메모리 반도체 업체들이 가져야 할 가장 기본적 업무 수행 방식이다. 대부분의 업체는 다양한 협업 시스템을 만들어 가동시키고 있다. 여기까지는 모두가 다 비슷할 것이다. 하지만 완전한 협업 시스템으로 작동하느냐 아니면 책임 면피 시스템에 가깝게 작동하느냐 하는 협업력 차이는 바로 신뢰가 만드는 협업 마인드의 수준 차에서 발생한다.

취리히연방공과대학교(ETH Zurich)에서 소개한 신뢰가 협업의 주춧돌(cornerstone)이라는 간략한 글을 인용해 보겠다.[●] 신뢰는 다음과 같은 이유로 협업의 기본 요소가 된다.

❶ **효율과 생산성**: 신뢰가 부족하면 오해와 의심을 해소하는 데 많은 시간과 에너지를 사용하게 된다. 신뢰 조직은 이런 시간과 에너지를 절약할 수 있다.

❷ **개방성과 소통**: 신뢰 조직에서는 투명한 소통이 촉진된다. 구성원들은 기꺼이 아이디어를 공유하고 피드백을 주고받는다.

❸ **심리적 안전감**: 신뢰 조직에서는 새로운 아이디어 제시와 실행을 주저하지 않는다. 이로써 혁신과 창의성이 높아진다.

❹ **갈등 해결**: 신뢰 조직에서는 갈등을 건설적으로 해결한다. 서로를 이해하고 해결 방법도 함께 찾고자 한다.

❺ **관계 제고**: 신뢰 조직에서는 직원 간 관계가 돈독해진다. 이로써 팀 스피릿이 올라가게 된다.

협업은 가장 대표적인 신뢰 게임이라 할 수 있는데, 치열함 못지않게 메모리 반도체업이 가져야 할 또 하나의 성공 조건이다. 협업력의 우위는 경쟁력 우위로 연결될 가능성이 농후하다.

에코의 힘이 만들어 내는 하이닉스 혁신

하이닉스는 매달 뛰어난 혁신 사례를 발굴하여 'SKMS실천상'을 수여하고, 이를 임원 월례 회의에서 공유했다. 통상적으로 기업에서

● "Establishing trust as the foundation for good collaboration," ETH Zurich homepage.

이런 혁신 사례에 대한 포상은 연례행사로 1년에 한 번 하게 된다. 그런데 하이닉스가 매달 혁신 사례를 심사한다고 했을 때 '회사 내 혁신 사례가 그렇게 많기는 할까' 하는 걱정이 앞섰다. 하지만 실제 뚜껑을 열어 보니 몇 년 동안 지속적으로 매달 10여 편의 혁신 사례가 꼬박꼬박 응모되는 것이었다. 그 내용들도 혁신의 참모습을 잘 보여 주는 사례들이었다. 이 업무를 주관했던 팀장의 이야기다.

"당초 SKMS실천상 심사 업무의 양이 그렇게 많지는 않을 거라고 예상했어요. 많아도 처음 몇 달만 반짝할 거라고 생각했습니다. 그런데 응모작이 줄지 않는 거예요. 응모작이 계속 많다 보니 심사하는 일이 보통이 아니었어요. 심사를 위해 다른 팀의 사람들도 투입되었는데, 심사 양이 많다 보니 이분들이 당황하기 시작했죠. 심사위원들을 위한 별도의 동기부여 방안을 강구하지 않으면 안 될 정도였어요. 그리고 심사한 사람들의 한결같은 이야기는 우리 회사가 이렇게 혁신을 많이 하는 회사인지 미처 몰랐다는 것이었어요."

이렇게 혁신 사례들이 양적으로 쌓이게 되니, 이들 사례에 혹시 어떤 공통된 패턴이 있는지가 궁금했다. 사례들에서 하이닉스 혁신의 공통 패턴을 찾을 수 있다면, 이 패턴을 적용하여 혁신도 타 조직으로 'DGG'할 수 있을 거라는 가정이었다. DGG는 '똑같게(ddog gat ge)' 확산시킨다는 의미의 하이닉스 기술 용어다. 2016년경 SKMS실천상 수상 사례 수십 편을 대상으로 혁신 패턴을 찾는 분석을 실시하여 전사의 임원들과 공유하게 되었는데, 혁신의 공통 패턴이 다음과 같은 몇 가지로 뚜렷했다.

1. 혁신은 반드시 새로운 관점에서 출발한다.

2. 새로운 관점은 네 가지의 패턴으로 나타난다.

- 벤치마킹 드리븐형: 장비·소재 업체, 경쟁사, 수학파견학습으로부터 새로운 관점 도출
- 멀티기능(Multi-function) 드리븐형: 교차기능(cross functional) 조직 운영에서 아이디어가 도출되거나 다른 기능에서 이동해 온 팀원이 새로운 관점 제시
- 집단지성 드리븐형: 구성원들의 사소한 아이디어 스피크업에서 새로운 관점으로 확대
- 독종 아웃라이어(outlier) 드리븐형: 한번 물면 끝장을 보는 독종들에 의한 혁신

3. 네 가지 패턴의 새로운 관점이라 해도 그대로 혁신으로 이어지는 것이 아니라 이 아이디어를 적극적으로 스피크업하고 새로운 관점이 죽지 않고 잘 숙성되도록 리더들이 도와주는 과정이 반드시 필요.

독종 아웃라이어 드리븐형의 패턴을 제외하고 나머지 세 가지 패턴은 모두 어느 한 사람에 의한 혁신 아이디어가 아니라 조직 내외부의 에코 힘을 활용한다는 것이다. 이는 나 자신이 충분히 똑똑하지 않아도 주위의 힘을 잘 활용한다면 얼마든지 혁신이 가능하다는 의미고, 이는 하이닉스의 협업력에 많은 시사점을 주었다. 특히 리소스와 역량이 부족했던 하이닉스는 내부 조직을 넘어선 협업, 즉 소부장(소재, 부품, 장비) 업체와 같은 에코 협업에도 적극적일 수밖에 없었다. 에코와의 협업에 대한 한 하이닉스 임원의 이야기는 이런 접근을 잘 보여 준다.

"경쟁력 확보를 위해 10개를 알아야 하는데 모르는 2개가 있다고 하면, 하이닉스는 모르는 2개를 얻기 위해 기꺼이 알고 있는 8개를 내줄 수 있다는 입장을 가졌습니다. 어떻게 보면 6개의 손해 같지만 결국 10개를 채울 수 있어 이득이 되는 것입니다. 이게 에코 협업의 철학이기도 합니다."

하이닉스와 일해 온 한 장비업체 대표의 이야기는 이런 협업 문화의 또 다른 측면을 보여 준다.

"어떻게 보면 하이닉스가 장비업체의 테스트 베드 역할까지 가끔 해주었어요. 물론 리소스와 역량이 부족한 하이닉스가 경쟁사에 비해 훨씬 아쉬운 게 많았기 때문이겠죠. 경쟁사는 완전히 검증된, 확실한 게 아니면 장비업체들의 아이디어를 채용하려 하지 않아요. 그런데 하이닉스는 아이디어만 이야기하면 일단 같이 해보자고 했거든요. 하이닉스는 데이터 공유도 많이 해줘서 협업이 훨씬 쉬웠어요. 한편으로 보면 하이닉스의 데이터 관리가 엄격하지 않아서 그렇다고 할 수도 있는데, 협업이라는 관점에서는 정말 유연한 것 같기는 해요. 이런 식으로 오랜 기간 일을 하다 보니 하이닉스가 좀 더 같이 일하기 편하고 신뢰가 더 두텁다고 할 수 있어요."

하이닉스가 만들어 온 많은 혁신에는 언제나 에코 협업이 큰 역할을 해왔다. 에코와의 협업에서도 성공 관건은 역시 신뢰다. 신뢰 게임에 익숙한 하이닉스는 에코와의 협업력에서 보다 유리한 출발(head start)을 할 가능성이 높다고 할 수 있다.

협업에 혼신을 다하라

두 가지 큰 전략 옵션: 경쟁이냐 협력이냐

경쟁할 것이냐 협력할 것이냐는 생존 경쟁에서 나타나는 두 가지 큰 전략 옵션이다. 경쟁은 개인과 조직이 탁월한 성과를 거두도록 촉진하는 반면, 다른 개인과 조직을 희생시키면서 자신의 성공을 우선시하는 무자비한 사고방식으로 이어질 수도 있다. 이는 적대적 환경을 조성하여 서로의 신뢰를 약화시키고 협업을 저해하기도 한다. 협력은 협업, 공감 및 집단적 성공을 촉진한다. 열린 의사소통, 적극적인 경청 및 아이디어 교환을 장려하여 복잡하고 어려운 의사 결정과 문제 해결로도 이어진다. 하지만 서로 타협하여 안주하고 무임승차하는 집단이 생길 수 있어 치열함의 부족으로 이어질 수 있다.

경쟁은 반도체의 고전적 승리 요건인 치열함을 강화한다. 하지만 과도한 경쟁은 협력과 상호 신뢰를 저하시킨다. 반대로 협력은 반도체의 새로운 승리 요건인 협업을 강화하지만 치열함의 약화를 유발할 수도 있다. SK와 삼성의 문화 차이에 대해 대중에 알려진 이미지는 삼성은 경쟁에 방점이 있는 문화인 반면, SK는 협력에 방점이 있는 문화다. 다음의 사례에서도 하이닉스가 확실히 협력에 방점을 둔 회사임을 알 수 있다.

"하이닉스가 글로벌 톱 2위 메모리 반도체 회사가 되기까지 위기를 극복해 온 원동력이 무엇이냐는 질문을 종종 받습니다. 그때

마다 저는 늘 '협업'이라고 말합니다." 2016년 CEO는 구성원 소통 간담회 '공감 톡톡'에서 "협업은 하이닉스의 DNA 일부"라고 단언하기도 했다. "협업에 이기는 답이 있다. 협업에 혼신을 다하라." 하이닉스의 행동 강령으로 '하이닉스인의 독한 행동'(2016년 버전)에 포함된 내용이다. 이처럼 하이닉스는 협업에 경쟁력의 답이 있다는 것을 믿고 협업에 진심인 회사로 진화하려 했다.

하이닉스 협업의 특징: 심리적 안전감과 건설적 피드백

간혹 협업을 상대에 대한 무조건적 배려와 양보로 생각하는데 전혀 그렇지 않다. 협업에서는 상대와 이기적 배경 없이 피드백을 적극적으로 주고받는 건설적 대립이 아주 중요하다. 그렇지 않으면 협업이라는 미명하에 적당한 타협으로 끝나 버린다.

서로에 대한 건설적 대립이 가능하기 위해서는 무엇보다 심리적 안전감이라는 신뢰가 필수적이다. 무슨 이야기라도 할 수 있다는 믿음인 심리적 안전감이 없으면 건설적 피드백을 아예 포기해 버리거나, 피드백을 한다 해도 서로 간 갈등이 높아져 일의 진척이 더 느려지는 상황으로 이어지기 쉽다. 다음은 하이닉스에서 건설적 대립과 심리적 안전감을 특히 강조하면서 연구소를 이끌었던 한 임원의 회고담이다.

"기술 회사에서는 건설적 대립이라고 하는 치열한 토의가 정말 중요한데 하이닉스에 와서 보니 그게 잘되지 않고 있었어요. 서로 논쟁(debate)을 하면 항상 감정이 상한 상태로 끝나게 되니 아예 연구원들이 격한 논의를 피하게 되더라고요. 예전에 몸담았던 기술 회사에서는 건설적 대립으로 다양한 입장을 다 살펴보고 어떤 결론에 도달하면, 뒤끝 없이 함께 실행에 몰두하는 것이 문화로 자리 잡고 있어서 저에게 상당히 인상적이었어요. 하이닉스가 기술 회사로 진화하려면 이런 문화가 꼭 필요해 보였어요. 그래서 건설적 대립과 심리적 안전감이라는 것을 조직 내에서 강의도 하고, 회의 시마다 강조하게 되었습니다."

연구소로부터 확산된 건설적 대립과 심리적 안전감이라는 용어와 문화 코드는 점점 하이닉스 전사로 확산되었고, 하이닉스 부서장들의 리더십과 조직 운영에서 중요한 기준으로 자리 잡게 되었다. 이에 따라 하이닉스 조직 내 협업은 뚜렷한 두 가지 특징으로 나타났다. 첫째가 협업 조직 간 높은 신뢰(심리적 안전감)이고, 둘째가 활발한 피드백이다.

신뢰가 결여된 건설적 피드백은 서로를 손가락질하는 핑거 포인팅(finger pointing)에 가깝다. 신뢰가 있지만 침묵으로 일관하면 과도한 배려와 양보가 되는데, 지금은 문제없어 보이지만 오히려 나중에 큰 문제로 불거진다. 신뢰도 없고 침묵하는 것은 서로에 대한 무관심이자 회피다. 이 세 가지는 전체의 이익보다 자신의 이익을 앞세우는 일종의 정치 게임이라 할 수 있다.

하이닉스의 원팀 스피릿은 신뢰를 기반으로 하면서 건설적 피드백을 피하지 않는 협업 마인드다. 하이닉스의 HBM 성공으로 인해 하이닉스 임원들의 인터뷰 기사가 최근 많아졌다. 그런데 그들

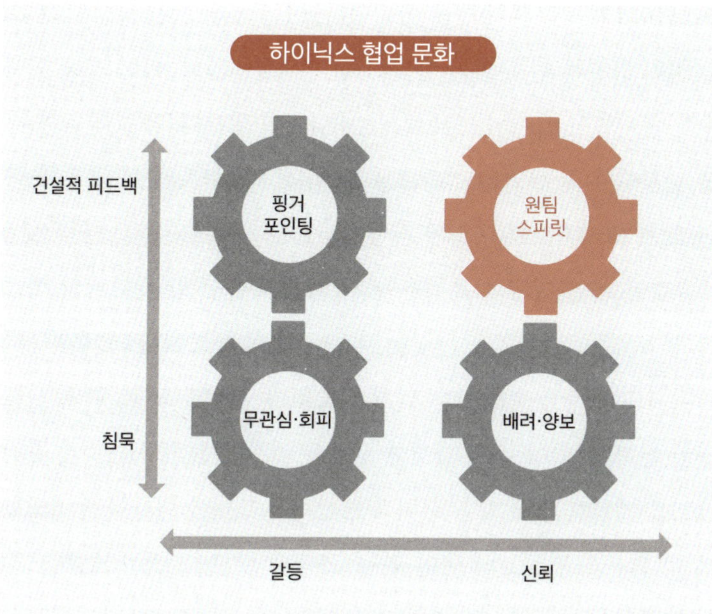

의 인터뷰 내용에서 HBM 성공의 요인으로 가장 많이 등장하는 단어는 바로 '협업'과 '원팀'이라는 단어다. 협업에 대한 자부심이 없이는 이렇게 자주 등장할 수 없다. 최근 한 기사를 예로 보자.

> 구성원이 **원팀**이 되어 매진…… 불가능에 가까웠지만…… 이런 **협업 시스템**이 있었기에 세계 최고 성능의 HBM3 개발이 가능했습니다. (…) HBM은 커스텀 제품으로 고객과 파운드리 기업들과의 **협업**이 더욱 중요할 것입니다……. HBM 설계 조직은 오랫동안 다져온 기술력과 **협업 시스템**을 믿고 혁신을 계속할 것입니다.•

HBM의 성공은 우연이 아니었다. 이는 오랜 기간 회사의 DNA로 자리 잡은 협업 문화가 만들어 낸 결과물이었다. 이런 성공 사례들이 쌓이면서 하이닉스 내에서는 "협업이 답이다"라는 믿음이 더욱 강화되었다. 신뢰를 기반으로 한 협업 문화는 단순한 구호가 아닌, 실제 경쟁력으로 체화된 것이다.

결국 기업 경영의 본질은 신뢰 게임이다. 신뢰는 조직의 혁신과 협업, 그리고 몰입을 이끌어 내는 근원적 동력이다. 구성원들이 서로 신뢰하는 문화에서는 위기가 오히려 기회가 되고, 한계는 도전이 된다. 기업이 지속 가능한 성장을 이루기 위해서는 멋진 문화 코드를 개발하는 것보다, 신뢰라는 문화의 토양을 비옥하게 만드는 데 더 많은 노력을 기울여야 한다. 그렇게 될 때, 비로소 문화는 전략 실행을 지원하는 강력한 무기가 된다.

반도체 전쟁이라는 살벌한 경영 환경 속에서 하이닉스는 어떻게 기업 경영을 신뢰 게임으로 이끌어 왔을까? 하이닉스의 신뢰 게임의 내용들을 세 가지 측면, 즉 기업문화 측면의 신뢰 게임, 전략 측면의 신뢰 게임, 그리고 인사·조직 측면의 신뢰 게임으로 나누어 자세히 살펴보자.

● 「SK하이닉스 HBM 기술개발 주역 박명재 부사장, "HBM 성공신화 비결은 우리만의 압도적 기술력"」, 하이닉스 뉴스룸, 2024년 6월 27일.

Chapter 3

문화적 신뢰 게임

신뢰 게임의 출발점: 대주주와의 신뢰

하이닉스 신뢰 게임의 거시적 기반은 대주주인 SK와의 신뢰라고 할 수 있다. 하지만 하이닉스처럼 새롭게 인수된 회사 입장에서 대주주와의 신뢰 구축은 상당히 어려운 숙제가 되기도 한다. "SK가 들어온다는 소식을 들었을 때, 내심 큰 걱정을 했습니다." 한 하이닉스 임원은 인수 당시를 회상했다. "보통 인수합병 후에는 기존 임원들이 상당수 교체되고 인사에 큰 변화가 일어나는 것이 일반적입니다. 그러나 SK는 달랐어요. 경영 지원 부문에 일부 임원만 영입되었고, CEO도 그대로 유지되었으며, 현업에는 거의 간섭하지 않았습니다. 현장의 임원들을 존중해 주는 느낌이었습니다."

실제로 SK의 하이닉스 인수 과정에서 이러한 차별화된 접근법은 여러 임원들의 증언을 통해 확인된다. "하이닉스 인수를 놓고 최종 두 회사가 경쟁을 했어요. 두 회사 모두 고위층이 포함된 실사

팀이 들어왔는데 첫인상이 참 달랐어요. 한 회사는 고위층 한 분만 계속 이야기를 했고 나머지 분들은 모두 입을 닫고 있었어요. 그런데 SK는 고위층 한 분만 말하지 않고 나머지 모두가 이야기하는 거예요. SK가 좀 다르구나라는 것을 처음 느꼈어요."

신뢰 관계를 결정적으로 강화한 것은 인수 2년 차에 30년 경력의 정통 하이닉스 출신 기술 임원을 CEO로 임명한 것이다. 그동안 하이닉스에서는 기술 임원이 CEO가 된 전례가 없었기에 이는 하이닉스 구성원들에게 놀라운 결정이었다. 대부분 임원은 SK 출신 사장이 CEO가 될 것으로 예상했으나, SK는 하이닉스의 기술력과 엔지니어들을 신뢰하는 선택을 했다. "SK가 하이닉스의 기술 임원들을 정말로 믿고 맡겨준다는 생각이 들었습니다." 이러한 결정은 단순한 인사 발령이 아닌, 하이닉스의 기술력과 엔지니어들에 대한 SK의 신뢰를 상징적으로 보여 주는 메시지였다.

SK가 하이닉스를 인수하고 '점령군'의 모습을 크게 보이지 않았던 점도 신뢰 구축에 긍정적 영향을 주었다는 한 임원의 회고담이다. "여느 재벌 그룹처럼 SK도 경영 지원에서 엄청 설쳐 댈 거라고 생각했죠. 그런데 그런 통제와 간섭을 느낄 수 없었어요. 정말 로우 프로파일(low profile)이었어요."

하이닉스 임원들이 SK를 신뢰하게 된 또 하나의 에피소드는 임원들이 가졌던 회장과의 원온원(1 on 1) 미팅이었다. 그룹 총수가 자회사의 개별 임원들과 일일이 원온원을 한다는 것은 참으로 드문 일이다. 보통 이런 총수의 미팅에는 배석자도 몇 명 참석하여 회장을 보좌하고 사전 질문서도 배포하고 답변도 미리 확인하는 방식일 텐데, 회장과의 격식 없는 원온원이라고 하니 하이닉스 임원들에게는 일단 상식적이지 않은 미팅이었다. 당시 회장의 미팅 의도가 무엇이었는지는 정확히 모르지만, 임원들은 격의 없는 미팅 분위기에서 자신의 이야기를 귀담아듣는 회장 모습에 적지 않은 놀라움을 느꼈다고 했다.

"회장과의 원온원에 엄청난 긴장감을 느꼈습니다. 혹시라도 질문에 답변을 못 하면 큰일이잖아요. 자료도 많이 준비하고 현황 숫자들을 달달 외워 갔어요. 그런데 전혀 예상 밖의 질문을 했어요. '하이닉스가 앞으로 무엇을 어떻게 잘해야 할까요?' 단 한 가지 질문이었습니다. 세세한 것만 준비해 간 나 자신이 좀 부끄러웠습니다. 그래도 무려 한 시간 반 동안 제 생각을 자유롭게 이야기할 수 있었습니다. 그룹 총수 앞에서 그렇게 장시간을 혼자 이야기한다는 것이 상상하기 힘들잖아요. 계속 이야기를 들어 주고 간간이 질문만 하는 그룹 총수의 모습은 매우 신선했습니다. SK의 수평적 소통 문화를 직접 경험한 순간이었습니다."

이처럼 SK는 인수 초기부터 하이닉스에 대한 신뢰를 행동으로 보여 주었다. 하이닉스 출신의 기술 임원을 CEO로 임명하고, 기존 임원들을 존중하며, 열린 소통을 실천함으로써 하이닉스 구성원들의 자존감을 높이고 신뢰의 기반을 다졌다.

SK와 하이닉스의 문화 융합

SK 문화의 근간인 SKMS

SK가 인수합병에 뛰어난 회사라는 이야기는 시중에서 오래전부터 있었다. SK 역사에 세 번의 굵직한 인수가 있었는데, 첫 번째인 유공 인수는 SK이노베이션으로 발전시켜 SK그룹 성장의 밑거름이 되었고, 한국이동통신 인수는 SK텔레콤이 되어 그룹의 캐시카우(cash cow)가 되었다. 그리고 가장 최근이 하이닉스 인수다.

SK가 PMI(post merger integration)라고 하는 인수후통합에 뛰어난 실력을 가졌다고 알려져 있는데, SK 사람들은 그 이유를 SKMS에서 찾는 경우가 많다. SKMS는 SK의 경영철학과 일하는 방법을 정리한 책자로 SK의 경영 바이블로 인식된다. 1979년 최종현 전 회장이 직접 만들고 지금까지 여러 차례 수정 보완되며 무려 50년 가까이 한결같이 강조되고 있는 SK의 경영철학이다.

신입사원이나 경력사원들은 입사 시 상당 시간을 할애하여 SKMS를 교육받게 되고, 부서장들도 주기적으로 SKMS 교육을 받고 있다. SKMS의 특이점은 처음 정립 시부

터 개정 과정에 이르기까지 모두 그룹 총수가 직접 주도한다는 점이다. 통상 이런 경영철학과 기업문화 정립 작업은 내부 전문 스태프나 외부 컨설턴트가 주도하고 최후 승인 과정에서 총수가 참여하여 그 내용을 보완하는 것이 일반적이다. 하지만 SK에서는 회장이 표현 하나하나까지 직접 관여한다.

몇 년마다 이루어지는 SKMS 개정 작업을 보면 그룹 전체가 들썩거리는 느낌을 줄 정도로 그룹 내 큰 작업이다. 회장은 본인의 상당 시간을 개정 작업에 투자하게 되는데, 그룹 임원들과 개정 방향과 내용에 대해 여러 차례 토의를 직접 주도한다. 개정 이후에는 SKMS 개정판에 대해 그룹 차원의 교육이 이어진다. 이렇게까지 자사의 경영철학과 문화를 강조하고 그 확산에 노력하는 기업이 또 있을까 싶다.

기업 경영의 고전이 된 『성공하는 기업들의 8가지 습관(Built to Last)』이라는 책에서 짐 콜린스(Jim Collins)는 오랜 기간 뛰어난 성과를 지속적으로 보인 기업을 '비전 기업'이라고 명명하고 비전 기업의 특징을 정리했는데, 그 특징 중 하나가 컬트(cult) 문화였다. 명확하고 흔들리지 않는 핵심 가치를 마치 종교 집단처럼 강조한다는 의미다. 조직 전체가 핵심 가치를 활용하여 하나의 강력한 믿음으로 뭉쳐 환경의 변화에도 흔들림 없이 장기적 성공을 추구하는 원동력으로 삼는 모습이라고 할 것이다. 50년 가까이 지속적으로 기업 총수가 대를 이어 SKMS를 통해 기업 가치를 일관되게 강조하는 모습은 컬트 문화와 매우 유사해 보인다.

흥미로운 점은 SK를 다녔던 사람들 중 회사에 대해 부정적 인식을 가지는 사람은 있어도, SKMS에 대해서는 누구나 긍정적으로 생각한다는 점이다. 그만큼 SKMS는 구성원들에게 큰 문화적 영향력을 미쳐 왔다.

SKMS를 PMI 툴로 활용하는 SK

SK에서는 기업 인수 시마다 인수 회사에 인력 투입을 최소화하고, SKMS를 PMI의 핵심 도구로 활용해 왔다. 대규모 '점령군'에 의한 통합이 아니라 경영철학과 기업문화를 통한 통합이 가장 효과적이라고 생각했던 것이다.

하이닉스에도 동일한 방법이 적용되었다. 인수 팀은 최소화시키고, 구성원들에게 대대적인 SKMS 교육이 진행되었다. 어떤 조직들은 자체적으로 SKMS 강독 시간을 가진 뒤 토의까지 하는 모습을 보이기도 했다.

"SK에서는 SKMS를 잘 모르고는 어디 가서 명함을 내밀지 못한다고 들었어요." 한 임원의 회상이다. "그래서 부서장들과 토요일에 모여 SKMS 강독 시간을 가지게 되었어요. 경영철학을 강독한다는 것이 좀 오버한다는 느낌도 있었지만, 경영철학이나 기업문화에 대해서는 문과 출신이 아닌 엔지니어 부서장들의 입장에선 약간 약점 같은 것을 느끼게 돼요. 그런 걸 배운 적이 없거든요. 그런데 SKMS는 그 내용을 알면 알수록 흥미로웠어요. 또한 부서장들 리더십 발휘에 상당히 도움이 되는 내용이기도 했어요. 그때 강독하기를 잘했던 것 같아요. 어디 가서라도 주눅 들지 않고 SKMS를 이야기할 수 있게 되었거든요."

SKMS의 핵심 키워드 VWBE

SKMS의 경영철학에서 가장 강조되는 키워드 하나를 꼽는다면 '자발적·의욕적인 두뇌 활용'이라는 용어일 것이다. 영어 약어로 VWBE(Voluntary/Willing Brain Engagement)라는 용어를 주로 사용한다. '자발적·의욕적'이라는 단어는 SK에서 일상적으로 자주 사용되는 단어인데, 사람들은 자발적이고 의욕적일 때 자신의 두뇌 활용을 가장 극대화하게 되고, 이것으로 자신의 행복과 성과를 최대화할 수 있다는 철학을 담고 있다.

SK의 거의 모든 경영시스템은 SKMS의 철학에 맞추어 구성원들의 자발적이고 의욕적인 두뇌 활용을 극대화하는 환경 조성에 초점을 맞추고 있다. 부서장들의 리더십도 구성원들이 자발적이고 의욕적으로 일할 수 있는 환경을 만드는 것에 집중하며, 그 중요한 수단으로 소통을 강조한다. 'SK 문화' 하면 '소통 문화'가 먼저 떠오르는 이유가 여기에 있다.

다시 말해 지시와 명령, 통제보다 구성원들이 자발적이고 의욕적일 때 훨씬 강한 실행력이 만들어진다는 것이 SKMS의 핵심 철학이며, 이 철학이 하이닉스에 점차 스며들어 문화로 자리 잡으면서 하이닉스는 VWBE를 중시하는 소통 중심의 회사로 변모했다.

하지만 하이닉스 구성원들은 SKMS를 처음 접했을 때 상당한 이질감을 느꼈다고 말한다.

"SKMS 교육을 받았을 때 내심 불쾌했어요. 자기들의 경영철학을 강요하는 느낌, 마치 우리를 세뇌하려는 느낌이었죠. 그 내용도 행복, 인간 중심, 자발적·의욕적 등과 같이 사탕발림으로 보였어요. 회사는 성과 창출이라는 목표로 살벌하게 돌아가는 게 현실인데, 이런 것들은 숨기고 듣기 좋은 이야기만 강조하는 것 같았고, 반도체업과는 동떨어진 내용으로 보였습니다."

현대 계열로 출발한 하이닉스는 수직적 위계가 강한 마초 문화의 실행력 회사였다. 사람들에 대한 개별적 배려와 존중, 수평적인 소통과 같은 것은 전시 체제인 반도체업에서 실행력을 떨어뜨릴 수 있는, 여리고 나약한 문화로 보였을 수도 있다. 그러나 SKMS는 계속해서 강조되었고, 교육뿐 아니라 사내 방송 그리고 경영층의 메시지를 통해 꾸준히 전파되었다. 당시 SKMS 확산과 관련하여 한 임원이 산하 조직에 전달한 메모를 보면 당시 하이닉스가 얼마나 SKMS 확산에 노력했는지를 엿볼 수 있다.

> 임원 워크숍 오프닝에서 CEO는 SKMS가 사람 본질의 이해를 다루고자 하는 인문학의 관점이 많이 들어가 있고, 결국은 우리 구성원들의 간절함을 어떻게 끌어낼 것인가 하는 것이라고 SKMS의 핵심 내용을 요약하셨습니다. (…) SKMS에 대한 부문장들의 이해 제고를 위한 부문장 SKMS 워크숍이 별도로 다음 주부터 토요일 두 차례 있을 예정입니다. [2015년 1월 20일]

부문장 SKMS 워크숍에 이어 바로 본부장들의 워크숍이 있었습니다. 본부장들의 공통된 반응은 지금까지 SKMS를 읽기는 했지만 전혀 새롭게 다가왔고, 이제야 SKMS를 제대로 이해할 수 있게 되었다는 것이었습니다. 미래기술부문장은 매주 한 시간씩 부문 내 임원들과 SKMS 토의 시간을 가진다고 하는데, 서로의 생각을 일치시키는 데 큰 도움이 된다고 합니다. [2015년 2월 16일]

하이닉스 문화로 스며드는 SKMS

VWBE와 하이닉스의 독함이 융합되다

SK 문화가 하이닉스에서 성공적으로 안착한 데는 기존 하이닉스 문화의 강점이 훼손되거나 부정되지 않고 SK 문화와 결합하여 진화한 것이 큰 역할을 했다. 그 예가 2013년에 만들어진 "스마트하고 독하게"라는 하이닉스인의 행동 가이드다. '독하다'라는 것은 하이닉스가 어려운 시기를 거치며 생존을 위해 몸부림치던 과정에서 만들어진 문화적 강점이자 자부심이었다. 그러나 이 '독함'에는 '상사가 시키는 대로 열심히'라는 일사불란의 이미지가 강했다. 이 독함은 상사의 지시에 따른 '돌격 앞으로'가 아니라 자발적이고 주도적으로 아이디어를 창출하고 행동하는 개념으로 보완될 필요가 있었다.

독함이라는 것은 자발적·의욕적일 때 나올 수 있는 행동이고,

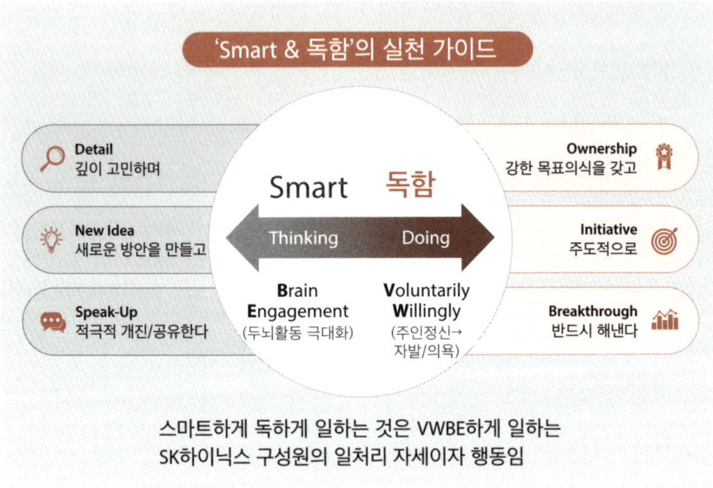

구체적으로는 일의 오너십을 기반으로 주도적으로 돌파해 내는 행동이라고 재정의했다. 진정한 독함은 톱다운의 독함이 아니라 보텀업의 자발적이고 의욕적인 독함이라는 메시지였다.

독함이 하이닉스의 VWBE로 설명되고 강조되면서 VWBE에 대한 구성원들의 수용도도 높아지고, SK의 핵심 가치인 VWBE는 하이닉스의 '스마트하고 독함'이라는 문화로 정착하기 시작했다. 처음엔 하이닉스 구성원들에게 다소 나약하고 실행력이 약하다고 보였던 VWBE가 스마트하고 독함을 높이는 하이닉스의 핵심 가치로 탈바꿈하여 자리 잡게 된 것이다.

하이닉스 문화가 신뢰 문화로 바뀌다

경영학의 고전적 이론으로 인간 본성에 대한 두 가지의 가정을 근

X 이론	Y 이론
• 인간은 본성적으로 일을 싫어하며 가능하면 일의 책임을 회피하려 하고 지시받기를 선호한다. • 직원들은 신뢰하기 어려워 엄격한 통제와 관리 감독, 강압적 지시를 통해 동기를 부여해야 한다. • 문제 해결에 필요한 창의력은 소수의 사람에게만 존재한다.	• 인간은 본성적으로 일을 즐기고 자발적이며 자기 통제의 능력이 있다. • 직원들은 자율적 환경이 조성되면 스스로 책임을 기꺼이 받아들이며 더 열심히 일을 하게 된다. • 대부분 사람은 문제 해결을 위한 창의력과 상상력을 가지고 있다.

거로 한 'X 이론과 Y 이론'•이라는 것이 있다. 이는 미국의 사회심리학자인 더글라스 맥그리거의 이론으로서, 인간 본성에 대한 상반된 가정으로 관리자들이 직원을 어떻게 인식하고 대해야 하는지에 대한 근본적인 가정을 제시한 것이다.

이 두 관점은 근본적으로 사람에 대한 신뢰의 관점이기도 하다. X 이론은 인간은 본성적으로 신뢰하기 힘들어 엄격한 통제와 관리가 필요하다는 관점이고, Y 이론은 인간은 기본적으로 신뢰할 수 있어 자율적 환경에서 더 열심히 일한다는 관점이다. 이러한 관점에 따라 어떤 기업은 X 이론 관점이 더 강한 기업문화를, 또 다른 어떤 기업은 Y 이론 관점이 더 강한 기업문화를 가지게 된다.

VWBE를 강조하는 SK 기업문화는 철저히 Y 이론에 정렬된 신뢰의 문화다. 다른 기업에서 이직해 온 직원이 SK에서 6개월을 생활한 후 너무나 다른 문화의 차이를 다음과 같이 이야기했다.

• Douglas McGregor, 1960, "Theory X and theory Y," *Organization theory* 358: 5.

"SK는 이전 회사와 사고 자체가 정말 다른 것 같아요. 어쩌다 지각을 했을 때, 이전 회사는 규율 위반에다가 근무 자세가 느슨해진 것으로 해석하고 부서장이 혼을 내는 것이 일반적이었습니다. 그런데 SK에서는 부서장이 혼을 내는 것이 아니라 아예 모르는 척해주고 오히려 걱정을 먼저 하는 분위기였습니다. 지각에는 분명 어쩔 수 없는 이유가 있었을 것이라고 가정하는 것 같았습니다."

SK 문화와 융합된 하이닉스 문화는 자연스럽게 신뢰의 문화로 변모해 갔다. 반도체 산업의 성공 요소인 치열함과 협업을 모두 갖춘 신뢰를 기반으로 한 신뢰 게임의 특성을 갖게 된 것이다. 신뢰 게임으로 변한 반도체업의 경쟁에서 하이닉스의 신뢰 문화는 상당한 이점을 발휘할 가능성이 농후하다고 할 수 있다.

왁자지껄 스피크업

협업이라 하면 일반적으로 수평적 협업을 떠올리지만 또 하나의 중요한 협업이 수직적 협업이다. 오랜 기간 수직적 상하 관계는 지시와 실행의 관계였지 협업의 관계가 아니었다. 반도체업의 경우에도 조직의 일사불란한 실행, 효율성 그리고 상시 전시 체제의 특성에서 기인한 치열함과 규율 등으로 수직적 문화가 강했다.

그러나 지금은 고객의 다양한 요구와 새로운 기술이 지속적으로 등장하면서 상사들이 가진 경험과 지식이 빠르게 진부화되고 있다. 높은 직위에 있을수록 더 많은 경험과 지식, 정보를 보유한다는 가정이 급속히 무너지고 있는 것이다. 오히려 상급자보다는 현장에 가까울수록 더 많은 정보와 경험을 접하는 상황이 되었다.

이러한 환경 변화로 인해 조직의 성과에서 지시에 따라 잘 실행하는 '전술적 성과'보다, 스스로 알아서 계획과 표준을 변화시키는 '적응적 성과'의 비중이 점점 커지게 되었다. 혁신이 바로 대표적인 적응적 성과다. 혁신은 계획과 표준을 벗어나 스스로 무언가를 시도할 때 비로소 이룰 수 있기 때문이다.●

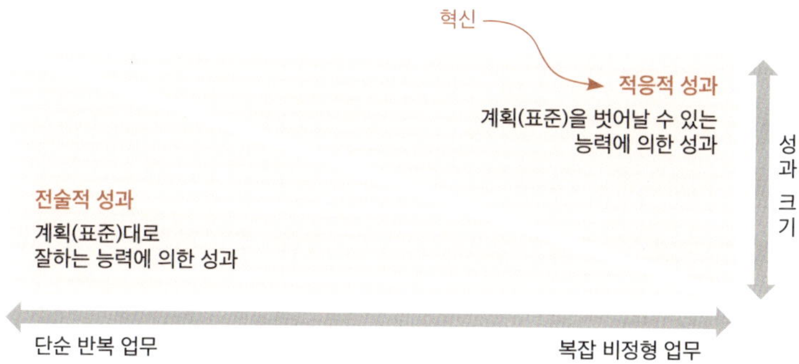

이러한 변화로 상하 관계는 지시와 실행이 아닌, 혁신과 최적의 의사결정을 함께 만들어 가는 협업 관계에 가까워졌다. 이러한 수직적 협업에서 가장 중요한 것은 하위 직급 구성원들의 거리낌 없는 '스피크업(speak up)'이다. 앞에서 다루었던 하이닉스의 혁신 공

● 현순엽, 2023, 『고성과 리더의 비밀, 원온원』, 파지트.

통 패턴 중 하나에서도 "새로운 관점이라 해도 그대로 혁신으로 이어지는 것이 아니라 이 아이디어를 적극적으로 스피크업하고 새로운 관점이 죽지 않고 잘 숙성되도록 리더들이 도와주는 과정이 반드시 필요"하다고 하여 스피크업이 혁신을 위해 꼭 필요하다는 것을 확인한 바 있다.

짐 콜린스는 혁신을 위해 회사가 중요하게 고려해야 하는 것은 "창의성 자체를 높이는 것보다 회사에 이미 존재하는 엄청난 양의 창의성을 수용하는 통로와 문화를 만드는 것"●이라고 강조하고 있는데, 스피크업이 바로 "창의성을 수용하는 통로와 문화"에 해당한다고 할 수 있다.

하지만 지시와 일사불란한 실행이라는 위계적 문화가 강했던 하이닉스에서는 엔지니어들이 주도적으로 아이디어를 개진하고 상사를 설득하는 모습이 비교적 낯설었다. 하이닉스의 혁신이 문화가 되기 위해서는 '왁자지껄한(speak up) 문화'가 선행되어야 한다고 판단하고, 이를 하이닉스의 고유문화로 만들고자 했다.

'스피크업'이 하이닉스 용어로 본격적으로 자리 잡기 시작한 것은 2013년에 만들어져 수정 보완되어 온 행동 강령(Code of Conduct)부터다. "스마트하고 독함"(2013년), "독한 행동"(2016년), "강한 집념"(2019년)이라는 행동 강령의 변화 속에서도 '스피크업'은 지속적

● 짐 콜린스·빌 레지어, 2024, 『좋은 리더를 넘어 위대한 리더로』, 이경식 옮김, 흐름출판.

으로 하이닉스의 핵심 행동 수칙으로 자리 잡았다.

현재 '스피크업'이라는 단어는 하이닉스의 고유 용어라 할 만큼 자주 사용된다. 어떤 조직의 문화를 판단할 때 그 조직이 자주 사용하는 단어를 보는 것이 가장 효과적인 방법이라고 한다. 이런 점에서 스피크업은 하이닉스 문화의 핵심 요소가 되었다.

경쟁사에서 하이닉스로 이직해 온 구성원들이 처음에 이상하게 생각하는 것 중 하나가 회의 문화다. "의아한 점은 회의를 하는데 임원이나 팀장 앞에서 팀원들이 거리낌 없이 자기 의견을 이야기하는 것이었어요. 임원이나 팀장이 빨리 결정하고 팀원들은 상위자의 의견에 토를 달지 않는 것이 효율적인 회의 모습이라고 당연히 생각해 왔거든요. 저도 무슨 의견을 내야 할 것 같은 분위기였는데, 그것이 너무 어색했어요."

하이닉스 경쟁력에서 큰 약진을 만들어 낸 HBM의 성공 배경에도 스피크업의 문화가 있었다. HBM의 최초 개발은 하이닉스였으나, HBM2에서는 삼성은 성공하고 하이닉스는 개발 시점을 놓쳤다. 하지만 그 당시에도 HBM은 여전히 시장 수요 확대가 불확실한 제품이었다. 그리하여 삼성은 시장 확대 가능성이 크지 않고 투자 비용이 많이 들어가는 HBM의 추가 개발을 중단한다는 단호한 의사결정을 내렸다. 하이닉스도 일등 기업이 내린 의사결정을 따라가야 할지에 대한 고민이 깊을 수밖에 없었다.

HBM2 개발에 뚜렷한 성과를 내지 못했고, 재무적 여유도 많지 않았으며, HBM의 시장 확대 가능성이 여전히 약했다. 더구나 일등 기업조차 개발 중단 의사결정을 내린 상황을 고려할 때, 하이닉스는 누가 봐도 개발 중단이라는 결정을 하는 것이 당연했을지 모른다. 그러나 하이닉스의 결정은 달랐다. 개발 지속 여부를 먼저 관련 조직들의 의견에 맡겼다. 많은 논의 끝에 보텀업의 의견을 수렴하여 개발을 지속한다는 결정을 내렸다. 당시 실무진들 사이에 심리적 안전감이라는 신뢰가 없었다면 그렇게 활발한 스피크업은 불가능했을 것이다. 또 스피크업의 문화가 아니었으면 지금의 HBM 시장 성공은 이루지 못했을지도 모른다.

2018년에는 '왁자지껄 스피크업 문화 강화'라는 주제로 전 임원이 워크숍에 참여하게 된다. 스피크업 활성화를 위해 전 임원이 종일 워크숍을 갖는 회사가 또 있을까? 이 워크숍에서 스피크업의 활성화를 위해 전사적으로 도입하여 활용하기로 합의한 것이 바로 '원온원'이다. 원온원은 직원들의 몰입을 높이고, 스피크업과 심리적 안전감이라는 하이닉스의 신뢰 문화를 한 차원 높이는 계기가 되었다.

원온원의 도입과 확산

원온원 미팅은 최근 한국 기업들 사이에서도 관심이 높아지고 있는 리더십 도구다. 원온원은 미국 기업들에서는 매우 일반적인 미팅

형태다. 미국의 한 조사에 따르면, 관리자의 94퍼센트가 일상적으로 원온원을 활용한다고 하니 거의 모든 관리자가 소통을 위해 활용하는 툴이 원온원인 것이다. 또 다른 연구에서는 동료들보다 원온원 대화 횟수가 2배인 구성원은 업무 몰입 가능성이 67퍼센트나 높고, 정기적 원온원을 하는 팀원은 그렇지 않은 팀원보다 몰입 가능성이 4배나 높다는 결과가 나왔다. 직원 몰입도에 이 정도로 큰 영향을 주는 방법이 또 있을까 할 정도다.●

VWBE를 중시하는 SK에서 구성원들의 몰입도를 획기적으로 높일 수 있는 원온원은 무엇보다 매력적인 도구가 아닐 수 없다. 그러나 하이닉스가 원온원을 도입하려 했던 2017년에는 원온원에 관한 국내 자료가 거의 없을 정도로 생소한 개념이었다.

글로벌 기업 출신 인력들로부터 원온원이 상하 간 신뢰 구축과 소통에 매우 유용했다는 경험담을 듣게 되면서 원온원은 하이닉스에 알려지기 시작했다. 이미 원온원을 실행하는 임원도 있었다. '왁자지껄 스피크업' 문화를 하이닉스의 고유문화로 만들고자 했던 하이닉스는 원온원이 스피크업에 가장 적합한 도구라는 점에 주목하여 전사적으로 원온원을 도입했다. 임원 워크숍에서 원온원 추진에 관한 합의가 이루어지고, 팀장들을 대상으로 한 원온원 워크숍도 이어졌다. 원온원 실행은 하이닉스 경영층부터 모범을 보였다.

● Ryan Fuller and Nina Shikaloff, 2016, "What great leader do daily," *Harvard Business Review*, December 15.

CEO와 부문장 간, 부문장과 임원 간, 임원과 팀장 간, 팀장과 팀원 간 모든 계층에 걸쳐 원온원이 진행되었다. 연구 조직을 이끄는 한 임원은 원온원이 지금도 하이닉스에서 잘 활용되고 있다고 말했다. "하이닉스에서는 임원들이 팀장들보다 원온원을 더 열심히 잘하는 것 같습니다. 누가 하라고 하지 않아도 임원들 사이에서 완전히 정착된 것 같습니다."

최근 원온원을 도입하기 시작한 회사들을 보면, 임원들은 제외하고 팀장들에게만 요구하는 경우가 많다. 그러나 임원들 자신도 실천하지 않는 원온원을 팀장들이라고 잘 실천할까? 원온원이 효과적이라면 왜 임원들이 먼저 실천하지 않는지 의문이다.

도입 초기에는 원온원 효과에 대한 우려도 적지 않았다. "부서장들이 얼마나 바쁜데 어떻게 원온원 시간을 만들 수 있겠는가?" "원온원 시간은 부하 직원들에게 오히려 고문의 시간이 될 것이다." "회의 시간을 줄여야 한다고 하면서 오히려 늘리라는 것인가?" "평소에도 충분히 이야기하는데 또 무슨 이야기를 하라는 건가?" "미국 기업과 문화가 다른 한국 기업에 맞을까?"

그러나 원온원을 경험한 부서장과 팀원들은 "생각보다 괜찮았다"는 반응을 보이기 시작했고, 회사 내 원온원의 지지자들이 점점 늘어났다. 임원과 정기적으로 원온원을 하는 팀장들이 팀원들과의 원온원에도 더 적극적이었다.

전사적으로 원온원을 시작한 지 1년 정도 흐른 시점에서 원온원 상황에 대한 점검이 필요했다. 원온원에 대한 직원들의 목소리를 듣고자 전 직원을 대상으로 원온원 실천에 대한 설문조사[•]를 실시했다. 그런데 눈에 띄는 결과는 원온원 주기가 빠른 조직일수록 팀원들의 성과 창출과 성장감 인식이 확연히 높은 것으로 나온 것이다. 그리고 회사의 전사적 추진 필요성에 관한 질문에서도 "앞으로 회사가 더 적극적으로 원온원을 추진할 필요가 있다"라는 의견에 약 70퍼센트나 동의했다. 또한 직원들 대상으로 "원온원은 나에게 ○○○"이라는 공모전을 실시했는데, 아래에 예시된 것처럼 많은 답변들이 팀원 입장에서의 원온원 효과를 너무나 생생하게 보여주고 있었다.[••]

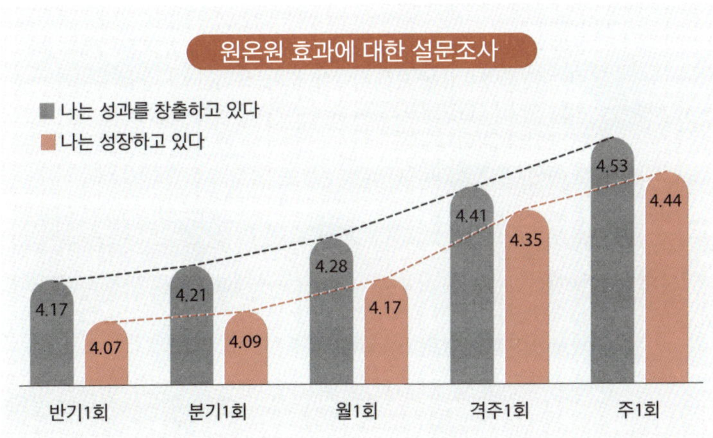

• 현순엽, 2023, 앞의 책.

•• 현순엽, 2023, 위의 책.

“나에게 원온원은 OOO” 공모전 답변 예시

I.O.I	걸그룹 I.O.I처럼 상큼한 매력을 주기 때문에.
비타민	정기적인 원온원은 비타민과 같이 지쳐 있는 나의 몸과 마음을 달래 줄 수 있기 때문이다.
자극제	내가 계획했던 일을 되돌아보고, 새롭게 할 일을 계획하게 하는 자극제이다.
한줄기 빛	업무 및 개인적인 요청 사항에 대해서 가장 솔직하게 얘기하고 피드백을 받을 수 있는, 그야말로 빛과 같은 짧지만 희망의 시간이라는 의미에서.
나침반	현재 그리고 미래 PL이 지향하는 방향과 같은 방향을 보고 나아갈 수 있게 하는 나침반이라고 생각합니다.
등대	우여곡절 많은 회사생활에 갈피를 잡게 해주는 ‘등대’ 역할을 ‘정기적 원온원’이 해준다고 느낍니다. 덕분에 ‘목표의식’이 명확해졌고 일을 더 열심히 할 수 있게 되었습니다.
거울	미팅을 하다 보면 내가 어떻게 생활하고 무엇을 잘하고 잘못하고 있는지 스스로 깨닫게 된다.
군 면회	군에서 부모님께서 면회 오셨을 때 부모님께 힘들었던 점 마음에 안 드리는 점 그리고 좋은 점을 하나하나 말씀드리면서 마음을 풀어가는 것처럼 ‘정기적 원온원’도 업무 중에 힘들었던 점, 개선했으면 하는 점뿐만 아니라 일 외적으로도 고민이 있는 부분에 대해서 대화하면서 마음을 풀어 갈 수 있습니다.
설렘	기본적으로 PL님과 단둘이 미팅할 수 있는 시간은 ‘원온원’이 유일합니다. 미리 공지되는 ‘원온원’ 일정이 확인되는 순간부터 ‘설렘’이 시작되기 때문입니다. 잘 진행되고 있는 업무에 대한 칭찬을 기대하며 설레기도 하고, 잘 안되는 업무에 대한 조언을 기대하며 설레기도 합니다. 따라서 저에게 ‘설렘’의 시간입니다.
정상회담	최근 정상회담을 통해서 많은 분위기를 바꿀 수 있듯이 ‘원온원’ 미팅을 통해서 여러 가지 정보를 교환할 수 있고 적절한 대화를 통해 많은 분위기를 바꿀 수 있어서 정상회담으로 했습니다.
대나무숲	임금님 귀는 당나귀 귀라고 외쳤던 대나무숲은 요즘 SNS를 통해 본인이 하고 싶었던 이야기와, 평소 가진 열망, 바람을 표현하는 소통의 장으로 사용되고 있습니다. 리더와 정기적 원온원을 통해 평소에는 숨기고 있던 나의 바람, 열정, 비전 등을 공유할 수 있었기에 정기적 원온원은 나에게 ‘대나무숲’과 같습니다.

가이드	가야 할 방향과 궁금한 것들을 해결해 준다.
효자손	평소 업무 관련 애로사항을 속 시원하게 말할 수 있어, 시원한 곳을 긁어 주는 효자손이라고 생각하게 됐습니다. 감사합니다.
해우소 (화장실)	평상시에 얘기하기 힘든 마음속 이야기나 쌓아 놓은 부분에 대해서 거침없이 논의하고 해결책을 찾을 수 있는 자리여서, 꼭 더부룩한 배를 움켜쥐고 있다가 화장실 다녀왔을 때의 시원함이 느껴지기 때문입니다.
새출발	원온원을 통해 나의 현재 상태를 돌아보고 초심을 떠올려 새로 시작할 수 있다. 정신없는 일상, 업무에 집중하다 보면 정작 나의 현재 상태(비단 업무뿐만이 아닌 여러 면에서)를 잘 알기 어렵다. 하지만 원온원을 준비하면서, 또는 원온원의 중간에 나의 현 상황을 스스로가 가장 잘 느낄 수 있다. 이를 통해 처음 업무를 시작했을 때의 초심을 회복하고 나태해지거나 지친 마음을 다시 한번 추스를 수 있다.
업무 변호사	평소 업무를 진행할 때 특정한 문제 해결 부분에 조언을 해주고 합리적인 방향으로 갈 수 있게 일대일로 코칭을 받을 수 있어서.
상사와의 소통 시간	단체 행동 시에는 질문하기 어려운 개인적으로 궁금했던 부분에 대해 질의 응답 시간을 가질 수 있는 좋은 시간이기 때문입니다.
졸음 쉼터	사무에 지쳐 흐리멍텅해지는 정신상태를 다시 바로 잡을 수 있는 대화들이 오가기 때문에 졸음 쉼터라고 생각한다. 평소 업무와 회사 생활에 관해 PL과 직접적인 의견 교류를 하며 복잡하고 답답한 속앓이가 다소 해소되며, 내 얘기를 들어줄 곳이 있다는 것에 대단한 위로를 느낀다.
소통	'원온원'은 정기적인 소통이라고 생각합니다. 심리적으로 관심을 받고 있다는 생각이 들어 회사에 대한 소속감을 느끼며 안정이 됩니다. 정기적인 대화를 통해 부서의 소식과 회사 대내외 소식 및 상사의 생각을 교환할 수 있고, 업무적인 대화가 아니더라도 일상적인 대화로 딱딱한 관계를 유연하게 해주는 거 같습니다. 이로 인해 조금은 소통을 하게 되어 서로를 이해할 수 있고 신뢰가 생깁니다.
작은 소망	미팅을 함으로써 내가 원하는 것을 얻을 수 있는 기회 또는 순간이며, 작은 소망이 이루어질 수 있기 때문에.
한약	쓰지만 약이 되는 시간이다.
산소	리더와 깊이 있는 대화를 나눌 일이 자주 없는데, '정기적 원온원'은 대화를 나눌 수 있는 자리를 마련해 줌과 동시에 대화를 통해서 회사 생활에서의 어려움과 고충을 얘기하며 해결책을 함께 모색하도록 합니다. 이는 살아가는 데 없어서는 안 되는 '산소'와 같이 '회사생활의 산소' 같은 역할을 한다고 사료됩니다.

티키타카	티키타카란 짧은 패스를 빠르게 주고받는 축구 경기 전술을 말하는데(예: 스페인 축구), 사람들 사이에 합이 잘 맞아 빠르게 주고받는 대화라는 뜻으로 사용됩니다. 즉 '원온원'이 티키타카처럼 이루어진다면 업무를 진행함에 있어 리더와 구성원과의 합이 잘 맞아 빠르게 업무를 수행할 수 있다는 공통점이라 생각되어 적어 보았습니다.
장인어른	둘만 있으면 매우 어색하지만 사실은 매우 좋아함.
비상구	우리는 회사의 사무실이라는 건물에 들어오게 되면 개인의 주장을 펼치기 힘든 상황에서 단체에 획일화되어 버리는 상황에 처하는 경우가 많습니다. 그렇기에 '원온원'을 통해서 그 건물에서 나갈 수 있는 비상구라는 표현이 맞지 않을까라는 생각을 했습니다.

리더의 입장에서도 원온원의 유용성은 컸다. 다음은 연구소를 이끌었던 임원의 원온원 경험담이다.

"나만큼 원온원의 도움을 많이 받은 사람은 많지 않을 것 같습니다. 미래기술원장을 맡으면서 나와의 소통이 중요한 순서대로 원온원 주기를 정했는데, 가장 소통이 중요한 R&D전략실장과는 매일 아침 7시에 업무를 시작하며 30분간 원온원을 했습니다. 여기서는 하루 단위의 운영과 전략뿐만 아니라 중장기적인 전략(때로는 10년, 20년 이후까지도)과 기술 변화에 대해 격의 없이 논의했고, 전체 조직의 미션과 역할 책임에 대해 다룰 수 있었습니다. 저에게는 하루 중 가장 소중한 30분이었죠."

"그다음으로 소통이 중요한 R&D공정 담당, R&D TD 담당 등과는 매주 1회 원온원을 진행했는데, 주로 기술 로드맵과 난제 해결에 관한 문제를 다루었어요. 공정 담당과는 장비 개발과 비즈니스 파트너와의 협업을, TD 담당과는 연구개발과 개발·제조 부문 간의 협업에 관한 내용을 다루었습니다. 시간은 약 1시간 정도였으며, 기술 개발의 큰 방향을 설정하는 데 중요한 역할을 했습니다."

"세 번째로 중요한 담당 및 TFT 담당과는 격주 또는 월 1회 원온원을 진행했습니다. 현재 진행 중인 개발 프로젝트와 업무 현황, 연구소 차원에서 선택과 집중이 필요한 부분, 지원이 필요한 사항들, 특히 주요 담당자들의 고민을 듣는 데 초점을 맞추었어요. 이런 과정에서 현장 책임자들이 불필요한 방해 요소에 노출되지 않도록 최소화하는 데 우선순위를 두었습니다."

"그다음으로 중요한 일을 하는 주요 팀장들(주로 TFT나 단기 성과가 필요한 요소기술 개발 관련)과는 분기에 한 번 정도 원온원을 통해 연구소 구성원들의 생각과 어려움을 듣고, 현장에서 해결이 필요한 불합리한 부분 개선에 초점을 맞추었습니다. 여기에 더해 협력이 중요한 CPO와는 매달 원온원을 했고, 제조기술부문장, 디램개발부문장, 낸드개발부문장, P&T부문장, QRA실장 등과는 분기 1회 이상 원온원을 통해 미래기술연구원과 각 부문 간 협업 및 전사 기술 개발의 일관성 유지 등을 논의했습니다."

"이러한 원온원을 통해 미래기술연구원의 미션을 성공적으로 수행하기 위한 소통과 방향성 일치에 성공했다고 생각합니다. 특히 일대일이라는 특성이 가져다준 열린 마음과 자유로운 대화 분위기는 새로운 아이디어 도출뿐 아니라, 상대방의 입장에 대한 이해와 배려를 바탕으로 한 상호 신뢰의 수평적 협업에 크게 기여했다고 생각합니다. 원온원이 만든 이러한 장점이 하이닉스의 기술 경쟁력을 전체 최적화 관점에서 높이는 데 큰 역할을 했다고 감히 평가할 수 있습니다. 제가 경험한 원온원은 소통의 시작이자 완성이었습니다."

이 사례의 임원은 자신과 원온원을 해야 하는 대상을 소통 필요성에 따라 구분하여 원온원 주기를 다르게 설계했다. 상하 관계뿐 아니라 수평적 협업 대상인 타 부문장, 본부장들과도 정기적으로 원온원을 실시하여 신뢰 관계를 강화했음을 알 수 있다. CEO와의 원온원이 얼마나 소중했는지에 대한 한 임원의 소감은 임원이지만 부하 입장에서의 원온원 유용성을 잘 보여 준다.

"CEO와의 원온원 시간은 정말 소중했습니다. 그토록 바쁜 CEO께서 원온원 시간 동안은 내내 온전히 우리 조직 이슈에 집중할 수 있는 시간이었죠. 평소에 하기 어려운 속마음 이야기를 나눌 수 있다는 것도 큰 의미가 있었습니다. 가끔 비서로부터 CEO 일정 문제로 원온원을 취소해야 한다는 연락이 오면, 비서를 혼내서라도 반드시 대체 시간을 잡도록 했습니다. CEO와의 원온원은 저에게 포기할 수 없는 권리였으니까요."

참고로 하이닉스에서는 원온원을 '부하가 원온원 시간 동안 상사의 시간을 온전히 독점할 수 있는 권리'라고 정의함으로써 상사는 원온원이라는 부하의 권리를 가급적 지켜 주도록 해야 함을 강조했다. 다음은 팀원 레벨까지 원온원을 하고 있는 한 임원의 원온원 소감이다.

"직속 팀장과는 매주, 파트장과는 월 1회, 구성원과는 분기 1회의 원온원을 진행하고 있습니다. 직원들은 원온원을 통해 주연 배우의 책임감을 얻어 가는 것 같습니다. 단체 미팅에서는 발언하지 못하는 경우도 있고 중요도에서 떨어진다고 생각했던 자신 업무가 원온원에서는 메인 어젠다가 되고, 본인이 조연이 아닌 주연으로서 주체적으로 발언할 기회를 가지게 됩니다. 업무에서 주연 배우의 오너십을 느끼게 되는 것 같습니다."

외부에서 영입된 임원 입장에서 원온원의 유용성을 설명한 사례도 있다.

"처음 하이닉스에 왔을 때 상당히 걱정이 많았습니다. 외부에서 부서장으로 들어오면 어쩔 수 없이 텃세가 있을 수 있거든요. 어떻게 조직을 빨리 장악해야 할지 고민이 컸습니다. 그런데 하이닉스에 와 보니 원온원이라는 것이 있더군요. 원온원에서 업무 진행에 관해 자세히 들을 수 있었고, 직원들과 개인적인 친분까지 쌓을 수 있었습니다. 처음 가졌던 조직 장악의 어려움에 대한 걱정은 완전히 기우가 되었습니다. 원온원이 저에게는 정말 큰 도움이 되었습니다."

많은 자료에서 언급하는 원온원의 가장 큰 효과는 '상하 간의 신뢰 구축'이다. 하이닉스의 경험도 마찬가지였다. CEO부터 팀장에 이르기까지 모든 계층에서 활성화된 원온원은 하이닉스를 한 단계 높은 신뢰 게임을 구현하는 기업으로 만들었다.

반도체 업계에서도 원온원 도입의 필요성을 느끼는 기업이 늘고 있다. 삼성전자 메모리 반도체 부문에서도 원온원을 도입하겠다는 보도가 있었다. 이는 반도체 산업이 점점 더 신뢰 게임의 특성으로 변해 가고 있음을 다른 기업들도 인식했기 때문일 것이다.

> K 삼성전자 대표이사(사장)가 일대일로 마주 앉아 대화하는 '원온원'을 활성화하기 위해 조직개편도 단행하겠다는 뜻을 밝혔다. (…) K 사장은 "원온원은 직속상사와 임직원이 최소 월 1회 만나 다양한 얘기들을 나누는 것"이라고 말했다. K 사장은 "이러한 것들이 쌓여서 교감이 형성된 사이에는 고과나 평가에 대한 공감이 향상된다"고 강조했다.
>
> [『뉴시스』 2022년 7월]

원온원 도입과 확산에 노력하는 기업들은 늘어 가고 있지만, 생각보다는 원온원 확산에 어려움을 겪고 있는 듯하다. 하이닉스는 SKMS의 VWBE와 수평적 소통을 문화 기반으로 가지고 있었기에 원온원 확산과 활용이 좀 더 쉬웠을 것이다. 그만큼 원온원은 다른 기업이 하고 싶어도 쉽게 따라 하지 못하는 하이닉스 신뢰 게임의 강력한 무기라고 할 수 있다.

배우고 또 배운다

AI 시대를 맞이해 기업의 새로운 도전은 리스킬링(reskilling)과 업스킬링(upskilling)이라는 직원들의 역량 변신이다. 빅테크 기업들이 시장을 지배하면서 기존의 전통 지식과 스킬들의 퇴보 속도가 한층 빨라지고 있다. 기업이나 개인이 미래 지향적 역량을 어떻게 준비하느냐는 미래 생존과 성장의 열쇠가 될 것이다. 역량의 딥체인지를 위해서는 조직 내 각별한 학습 문화가 만들어져야 한다. 그런데 여기까지는 누구나 말할 수 있는 이론적 이야기다.

매일이 전투 상황인 기업 현장으로 들어가면 구성원들이 자신의 미래 성장과 역량 증대를 위해 별도의 학습 시간을 가진다는 것은 쉽지 않은 이야기다. 기한 내 목표 달성의 부담을 가진 부서장들에게 일과 별도로 산하 구성원들의 역량 성장을 도모하라는 것은 현장의 상황을 모르는 체하는 무책임하고 한가한 이야기로 들릴 수 있다.

또한 기업들도 내심은 별도의 학습에 대한 믿음이 낮다. 근본적으로 기업은 직원을 당장 활용의 대상으로 보는 휴먼 리소스(human resource)의 관점이 강하다. 따라서 장기적 성장 관점인 휴먼 캐피탈(human capital)의 관점을 갖기란 쉽지 않다. 다른 회사로의 전직이 활발한 지금은 더욱더 그렇다.

학습 문화가 중요하다고 이야기하지만 실제로 학습 문화가 조직에 뿌리를 내리기 위해서는 조직 내에 공유된 아래의 네 가지 관점들이 필요하다.

- 개인의 역량 성장을 기업 성장의 원천으로 보는 관점
- 개방적이고 투명한 소통이 학습으로 이어진다는 관점
- 스스로 주도적으로 하는 자율과 책임의 환경이 학습을 촉진한다는 관점
- 심리적 안전감이 높을 때 개인들의 학습 몰입이 올라갈 수 있다는 관점

이런 관점이 조직 내에서 공유되지 않으면 학습을 아무리 강조해도 실행력으로 이어지지 않을 가능성이 크다. 바쁜 업무 현장에서 팀원들이 학습에 대한 심리적 안전감을 갖기가 쉽지 않다. "지금 상황에서 일보다 공부를 하겠다고?"라는 상사의 눈치가 여간 거북하지 않을 수 없다.

위의 네 가지 관점을 자세히 보면 그것들을 관통하는 공통분모가 하나 보일 것이다. 바로 사람에 대한 신뢰다. 사람에 대한 신뢰가 없다면 만들어질 수 없는 가정들이다. 결과적으로 학습 문화는 바로 신뢰 게임의 결과라고 말할 수 있다.

하이닉스의 학습 문화에 관한 몇 가지 사례들은 일반적인 기업과는 다른 차원의 문화를 느끼게 한다. 극한 치열함의 전시 상황에서, 그것도 일등과의 격차를 죽기 아니면 살기로 따라가야 하는 입장에서 하이닉스가 전사 차원에서 학습에 보였던 각별한 관심과 투자는 비용 절감을 최우선시하는 일반 회사의 입장에서 보면 사치와 여유로 느껴질 정도다.

하이닉스에도 유니버시티가 있다?

기술 기업이라면 어느 회사든 사내 기술교육 프로그램을 운영하지만, 하이닉스의 기술교육 플랫폼인 SK하이닉스 유니버시티(SKHU)는 다른 기업의 교육과정과 여러모로 차별화된다. 그 특별함을 한마디로 표현하자면 회사의 학습에 대한 '진정성'이다. SKHU는 2017년에 설립되어 운영되고 있는데, 다른 기업에서는 찾아보기 어려운 몇 가지 특징을 통해 그 진정성을 확인할 수 있다.

첫째, SKHU는 사업 부문별 칼리지(기술연구원 칼리지, 디램 칼리지, 낸드 칼리지, 제조기술 칼리지, P&T 칼리지, 솔루션 칼리지, 마케팅 칼리지)로 구성되어 있으며, 각 사업 리더인 부문장들이 직접 칼리지 학장을 맡아 부문의 학습을 주도하고 있다.

하이닉스 기술교육이 일반 회사의 교육과 특히 다른 점은 교육과정과 콘텐츠, 강사의 대부분을 현장에서 자체적으로 조달해야 한다는 것이다. 현장 기술 대부분이 기업 고유(firm-specific) 기술들로 외부에서 배우기 어렵고 기업 비밀로 관리되기 때문이다. 일반 기업의 경우 교육 프로그램의 상당 부분을 외부 전문 강사가 진행하는 것과는 대조적이다.

이런 특성 때문에 현업 엔지니어들이 업무를 수행하면서 동시에 교육 기획과 실행까지 해야 하므로, 현장 리더의 적극적인 관심과 지원 없이는 활성화될 수 없다. 교육을 수강하는 엔지니어 입장에서도 마찬가지다. 업무 강도가 높은 하이닉스에서 바쁜 업무 중에 교육에 참여하는 것은 쉽지 않다. 따라서 교육과 학습을 부담 없이 할 수 있는 심리적 안전감이 필요하다.

이런 특성을 고려하여 SKHU에서는 부문장들이 직접 칼리지 학장을 맡았다. 학장의 역할은 형식적인 것이 아니라 해당 부문의 학습을 실질적으로 이끄는 리더십 발휘였다. 이를 지원하기 위해 부문별로 SKHU 전문 스태프를 두었는데, 부문장이 신뢰하는 풍부한 경험과 영향력을 갖춘 고참 엔지니어들이 이 업무를 맡았다. 이들은 부문장과 매월 원온원을 통해 지속적으로 칼리지 활성화 방안을 모색했다.

칼리지 학장들의 적극적인 참여는 그대로 산하 임원과 팀장들에게 전달되어 전사적으로 현장 주도의 학습 문화가 하이닉스에 뿌리내리게 했다. 이러한 칼리지 학장으로서 부문장들의 헌신 배경에는 SKHU를 세계 최고 수준의 반도체 사관학교로 만들자는 Top Team의 의기투합이 있었다. SKHU 성공의 핵심 조건이 최고 경영진의 적극적 참여라는 데 합의하고, CEO가 총장을, 부문장들이 학장을 직접 맡아 SKHU를 현장 주도로 발전시키기로 결의했던 것이다.

둘째, 전문 교수와 전문 강사의 활용도 특별하다. 전문 교수는 오랜 기술 경험을 가진 임원들을 퇴임 후 교수로 활용하는 제도다. 퇴임한 기술 임원들은 30년 이상의 노하우를 보유한 귀중한 인재다. 그동안은 임원이 퇴임하면 회사와 다소 불편한 관계가 되고, 그들의 소중한 노하우도 함께 사라졌다. 이들을 교수로 영입해 후배들에게 지식을 전수하게 함으로써, 회사는 그들의 기술 경험을 잃지 않고 회사 역량으로 축적할 수 있게 되었고, 퇴임 임원들도 제

2의 인생을 준비하는 좋은 전환점이 되는 윈윈 솔루션이었다. 한 전문 교수는 이렇게 말했다.

"처음에 전문 교수 제안을 받았을 때 마음이 편치 않았습니다. 회사를 떠난 사람이 다시 후배들 앞에 서는 것도 어색하고, 회사가 미안한 마음에 퇴임 임원에게 주는 고문 정도로 생각했어요. 그런데 그렇지 않았습니다. 상당한 강의 시간이 의무화되어 있어, 강의를 위해 제가 가진 노하우를 하나하나 정리할 수밖에 없었습니다. 사실 저도 제 경험을 정리해서 남기고 싶었는데, 이를 통해 실현할 수 있었습니다. 제 경험을 응축한 강의가 후배들에게 도움이 되었다는 반응을 들을 때 정말 뿌듯했습니다. SKHU 4년이라는 전문 교수 경험을 통해 회사와 아름다운 이별을 할 수 있어서 더욱 좋았습니다."

전문 교수는 강의뿐 아니라 현업 프로젝트 문제 해결을 위한 자문과 연구 활동도 계속한다. 최신 기술을 다루는 후배들이 풍부한 경험과 노하우를 가진 전문 교수에게 문제를 공유하고 자문을 구해 함께 해결해 나가는 모습은 어떤 기업에서도 찾아보기 어려운 모델이다. 전문 교수 제도는 퇴임 임원을 활용하는 제도라 조심스러운 측면이 있었지만, 현역에서 물러난 반도체 분야 베테랑들이 후배들에게 역량을 전수하고 오랫동안 산업에 기여할 수 있게 하는 제도로서 하이닉스의 '신뢰' 문화를 잘 보여 주는 사례다.

전문 교수와 별도로 현장에서 전사 공모를 통해 선발된 20여 명의 전문 강사도 운영되었다. 전문 강사들은 현업 경험이 풍부한 고참 엔지니어들이 2년간 강의를 전담하고 현업으로 복귀하는 제도다. 우수 강사 확보 외에도, 번아웃(burn-out)을 느끼는 엔지니어들이 재충전하며 자신의 일과 과제를 되돌아보고 후배들을 가르치는 경험을 쌓게 하는 목적도 있다. 이들이 현업에 복귀해 학습 문화의 강력한 옹호자 역할을 하기도 한다.

셋째, SKHU 학습의 활성화 수준은 남다르다. 매년 직원 평균 100시간 정도의 학습 실적을 보이는데, 글로벌 기업 T사의 2030년 1인당 평균 학습 시간 목표가 100시간 수준이라는 점을 고려하면, 하이닉스의 현재 학습 수준이 얼마나 활성화되어 있는지 알 수 있다.

하이닉스의 많은 직원 수를 감안할 때 이런 1인당 평균 학습 시간이 나온다는 것은 SKHU가 제공하는 교육 규모가 상당함을 보여 준다. 매년 오프라인 교육은 약 900개 과정에 6,000차수가 제공되며, 온라인 과정은 7,000개가 개발되어 언제든지 학습할 수 있다. 매년 3월 수강 신청 때는 인기 과정을 먼저 신청하려는 경쟁이 치열해 교육 서버가 마비될 정도다.

그동안 SKHU를 벤치마킹하러 온 많은 방문자가 가장 궁금해한 것은 '이렇게 다양하고 많은 기술 직무 교육을 현장에서 만들고 제공할 수 있는 비결'이었다. 그 비결은 하이닉스의 신뢰와 학습 문화를 제외하고는 설명하기 어렵다. 자료를 공유하고, 모르는 것은 서로 가르쳐 주는 문화가 오래전부터 체화되어 있어, 같은 부서 직원들뿐만 아니라 다른 부서 직원들에게 강의하는 것도 하이닉스에서는 흔히 볼 수 있는 모습이다.

SKHU에는 사내 강사가 무려 7,000명이나 된다. 이들은 강사 평가를 통과한 인원으로, 현업 업무와 강의 활동을 자발적으로 병행하고 있다. 이는 하이닉스의 학습 문화 활성화를 가장 잘 보여 주는 지표다. 사내 강사들은 자신의 지식과 경험을 타인에게 전달하기 위해 준비하면서 이론과 실제를 더 명확히 정리하게 되어, 스스로에게도 더 많은 학습 효과가 있다(learning by teaching)고 말한다.

SKHU 칼리지를 졸업한 구성원들이 사내 강사 인증을 받아 후배들을 가르치고, 나아가 전문 강사로 성장하여 기여하는 모습들은 하이닉스 기술 경쟁력의 원천이 되고 있다. 이처럼 SKHU는 선후배 간(강사 및 교수들과 수강생들 사이) 교육과정을 통한 신뢰 구축의 장이자, 서로에 대한 배려와 존경을 경험하는 효과적인 학습의 장이다.

Top Team이 스탠퍼드대학으로 향하다

빅테크 기업들의 시장 지배력은 높아만 가고 있다. 이들은 하이닉스의 핵심 고객이면서 강력한 협력 파트너이며 때론 잠재적 경쟁사이기도 하다. 빅테크 기업들뿐만 아니라 그들을 둘러싼 생태계는 그대로 하이닉스의 생태계가 되기도 한다. 하이닉스 전사 전략을 이끄는 Top Team은 그들의 글로벌 인사이트가 이런 생태계를 이해할 만한 수준에 있는지 스스로 의문이었다. 자타가 공인하는 분야의 기술 전문가임은 틀림없지만, 글로벌 ICT 경쟁 속에서 하이닉스를 이끌어 가야 하는 리더십 팀으로서의 인사이트는 아쉬운 부분이 있었던 것이다.

2018년, 하이닉스는 글로벌 ICT 분야에서 최고 수준의 프로그램 및 네트워크를 보유한 스탠퍼드대학교와 협력하여 1주씩 연 2회의 일정으로 '하이닉스-스탠퍼드 퓨처 인사이트' 프로그램을 만들어 실행했다. 프로그램 비용도 만만치 않았지만, 상시 전시 체제라고 생각하는 하이닉스가 일선 사령관들을 현장에서 빼내어 2주씩이나 이런 프로그램에 참석하게 하는 것은 쉽지 않은 결정이었다. 이후 코로나19 팬데믹으로 아쉽게 중단되었지만 이 프로그램은 하이닉스에 적지 않은 영향을 미쳤다. 한 임원은 이 프로그램에 대한 처음 반응을 이렇게 회상했다.

"이 프로그램 이야기를 들었을 때 처음에는 '회사에서 가장 바쁜 부문장들을 2주씩이나 통으로 빼낸다고? 얼마나 많이 배운다고 이렇게까지 하지?'라는 생각이 들었어요. '회사가 돈을 좀 버니까 이제 사치를 부리는 건가?'라는 생각도 들었고요. 하이닉스 역사에 이런 식의 교육은 없었거든요. 그런데 참석하기 전과 후의 나는 상당히 다른 사람처럼 느껴질 정도였어요. Top Team이라면서 눈앞의 성과에만 관심을 가지고 CEO에게 전략적 조언을 해왔다는 것이 좀 창피해질 정도였어요. 우물 안 개구리였다는 생각을 처음 느껴 본 것 같아요."

또 다른 임원은 이렇게 말했다.

"갑자기 상하반기 1주일씩 교육을 받으라는 지시가 내려왔습니다. 월화수목금금금의 생활에도 시간이 부족했는데 교육을 받으러 그것도 미국으로 가서까지? 꼭 필요한 교육일까? 내심 Top

Team이 자리를 비워 회사가 잘 돌아가지 않고 어려운 일이 해결되지 못해 우리의 빈자리에 대한 아쉬움을 실감할 것으로 생각했습니다. 그런데 상황은 반대였어요. 회사는 잘 돌아갔고, 심지어 수율의 신기록 경신도 평소보다 더 많이 작성되더라고요. 교육에 참여한 Top Team들은 '우리 밥값 다시 생각해 봐야 하는 것 아닌가'라는 농담 아닌 농담을 하기 시작했어요. 그동안 해왔던 '실적 조이기' 중심의 리더십 방향을 반성하게 된 좋은 계기가 되었어요."

연구소를 이끌었던 임원은 이 프로그램의 가장 큰 수확에 대해 이렇게 말했다.

"연구소 운영에 가장 도움이 되었던 개념이 양손잡이 조직에 관한 강의와 토론이었어요. 예전에도 알고는 있던 개념이지만 이렇게 몇 시간을 몰입해서 듣고 토의한 적이 없었거든요. 안다는 것과 느낀다는 것이 다른데, 이 프로그램에서는 느낄 수 있었어요. 미래기술연구원에 미래를 준비하는 왼손잡이 조직을 강화하고 운영 방식도 크게 변화시키는 계기가 되었죠. 이 교육을 통해 탄생된 것이 바로 연구소의 미래 기술 연구 조직인 RTC(Revolutionary Technology Center) 조직이기도 합니다."

여러 빅테크 기업도 방문하여 그들의 전략과 문화를 배우는 시간도 가졌다. 그중 하나가 N사였다. 이 책의 도입부에서 언급한 N사 탐방이 바로 스탠퍼드 프로그램의 일환이었다. 구매 담당이 우리를 맞이하자마자 하이닉스 Top Team에게 고객으로서 신랄한 불만을 제기한 것이었다. 하이닉스가 HBM2 개발과 제공 약속을 어겨 그들에게 큰 피해를 입혔다고 했다. 비즈니스 방문이 아닌 교육 프로그램의 일환이었고, 방문자들이 협력업체의 고위층 임원이라는 점을 고려하면 무례해 보일 수도 있는 행동이었다. 하지만 고객과의 약속을 지키지 못한 것은 하이닉스였기에 할 말이 없었다. 신랄했지만 솔직한 그들의 피드백이었다. 고객이 하이닉스를 바라보는 시선에 대해 Top Team 모두가 생생하게 경험한 더없이 좋은 기회였다.

저녁마다 Top Team들은 그날 배웠던 내용들을 하이닉스의 경영과 연계하여 많은 대화를 나누었고, 이 부분은 Top Team들이 경영 방향에 대해 동일한 이해를 하고 서로 간의 신뢰를 높이는 데 큰 도움을 주기도 했다.

구루(guru)로 불리는 교수들을 직접 만나 본다는 신기함도 있었지만 스탠퍼드대학에서의 학습 경험은 '학습'에 왜 회사가 별도의 노력과 투자를 해야 하는지에 대한 Top Team의 확신을 증대시켰다. Top Team들은 교육 후 산하 조직에 돌아가 교육에서 배우고 느낀 점을 공유했고, 산하 조직의 전략에 반영하고자 하는 노력들이 일어나기도 했다.

메모리 센트릭을 준비했던 CREATE 포럼

하이닉스의 학습 문화를 상징하는 또 하나의 사례가 있다. CREATE(CEO Roundtable for Envisioning Advanced Technology) 포럼이다. Top Team의 고민 중 하나는 하이닉스가 여전히 미래 역량 준비에서 약하다는 부분이었다. 이러한 약점은 Top Team부터가 중장기 ICT 트렌드에 대한 인사이트가 부족한 데서 기인한다는 반성을 하게 되었다. 그리하여 2017년 하이닉스는 약한 분야인 아키텍처, 소프트웨어, 설계, 빅데이터 기술 분야의 교수 14인을 초빙하여 그들의 인사이트를 배우기 시작했다. 교수들과 본부장급 이상 임원들은 분기 1회 워크숍을 가지고, 이와는 별도로 아키텍처, 소프트웨어, 설계, 빅데이터 분과에 연계된 실무 임원들과 팀장을 포함시켜 공동 프로젝트를 수행하는 이중 구조로 진행되었다.

여기서 에피소드 하나가 있다. 14인의 교수들이 모두 모인 자리에서 서로가 면면을 보더니 '이분들을 어떻게 한자리에 모실 수 있었느냐'라는 놀라움을 보인 것이다. 모두가 최근 대학에 부임한 젊은 교수들이었고, 교수끼리도 각자의 명성을 이미 잘 알고 있었기 때문이다. 그야말로 한국의 ICT 미래를 대표하는 교수진이었다. 한 교수는 다음과 같은 농담도 했다.

"OOO 교수님은 빠지셨네요? 명성으로 보면 그분은 들어가야 하는데. 아하, 알겠어요. 주니어 교수 모임이라 나이 제한에 걸리셨군요."

하이닉스 임원들도 한자리에서 최신 기술 및 산업 트렌드를 잘 알고 있는 교수들의 생각을 듣고, 토론할 수 있다는 것 자체가 매우 신선한 자극이었다. 당시 CREATE 포럼의 주요 목적과 기대 효과는 다음과 같았다.

목적

• SK하이닉스의 약점인 미래 역량 강화를 위한 중장기 ICT 트렌드에 대한 인사이트 확보
• CEO의 미래 기술 전략 수립을 위한 사고 파트너(thinking partner) 역할

기대 효과

• 전사 중장기 전략의 방향성 확보: 최고 경영진과 '메모리 센트릭' 개념의 공감대 구축
• '메모리 센트릭' 환경 구축을 위한 세부 분야별 실무 그룹 활동: 내부 실무 리더 수준까지 네트워크 확장

기대 효과에도 나타나 있지만 이 포럼의 핵심 주제는 메모리 센트릭(memory centric) 환경 준비였다. 점차 데이터 양이 증가하면서 기존의 컴퓨터 아키텍처로는 데이터 병목 현상으로 대용량 데이터 처리가 점점 어려워질 것이고, 시스템이 오히려 메모리 성능에 좌우되는 시대가 올 것이라고 예상했다. 하이닉스도 이를 대비해야 한다는 것이 교수들의 일관된 이야기였다. 지금은 AI 시대가 되면서 HBM 제품이 각광받는 '메모리 센트릭'이라는 것이 눈앞의 현실로 다가왔다. 당시 교수들의 예측력이 놀라울 따름이다. 포럼에 참석했던 임원들의 회고담도 의미심장하다.

"우리 수준에서 메모리 센트릭은 다소 먼 미래로 생각했고 그 준비가 필요하다는 것은 인식했지만 그 시급성에서는 절박감이 덜

했습니다. 이 포럼을 통해 메모리 센트릭으로 시장이 바뀔 가능성이 크고, 이것은 메모리 시장에서 지금의 경쟁 구도를 변화시키는 변곡점이 될 수도 있겠다는 생각을 했습니다. HBM 개발을 포기하지 않고 회사가 지속적으로 자원을 투입할 수 있었던 것도 이때 포럼에서 우리 임원들이 얻은 인사이트 역할이 컸다고 생각합니다."

"지금 돌이켜 보면 당시 젊은 교수들의 미래 예측이 대부분 맞았어요. 메모리 센트릭 아키텍처의 세상이란 게 당시에는 좀 황당한 이야기라고 생각했는데, 자주 듣고 토의하다 보니 가랑비에 옷 젖듯이 제 생각도 조금씩 바뀌기 시작했습니다. 사실 저보다 우리 실무 임원들과 팀장들의 미래 인사이트를 높이는 데 상당히 도움이 되었어요."

이 포럼은 그 이후로 몇 년 동안 지속되면서 하이닉스 조직 깊숙이 미래 인사이트를 심어 주었다. 회사의 고위 임원들이 대규모의 외부 교수들과 이러한 포럼과 공통 프로젝트를 지속한 것 자체가 상당히 보기 드문 사례일 것이다. CREATE는 하이닉스의 기술 트렌드 인사이트 확보에 적지 않는 영향을 미쳤다. 배우고 또 배우고자 하는 하이닉스의 학습에 대한 열정도 잘 보여 준 사례라 할 수 있다.

Chapter 4

전략적 신뢰 게임

시프트 레프트 전략

신뢰는 단순한 감정이 아닌 전략적 자산이다. 하이닉스는 이 신뢰를 기술 개발 과정의 핵심 축으로 삼아 '시프트 레프트(shift left)' 전략을 통해 협업 문화의 근본적인 변화를 이끌어 냈다. 시프트 레프트는 원래 소프트웨어 개발 시 테스트와 품질 보증 활동을 개발 초기 단계로 이동시키는 개념으로, 가급적 개발 초기 단계에서 문제를 발견하고 수정함으로써 후반 단계에서 발생하는 비용과 시간 낭비를 줄이고자 하는 것이다. 하이닉스는 이 개념을 메모리 반도체 기술 개발에 그대로 적용하여 회사의 협업 체질을 변화시키는 강력한 촉매제로 활용했다.

"문화는 전략을 아침 식사로 먹어 치운다"라고 했지만, 하이닉스는 오히려 전략을 통해 문화를 변화시키는 역설적 접근을 취했다. 시프트 레프트 전략은 단순한 프로세스 개선이 아닌, 하이닉스의 협업 DNA를 재구성하는 '딥체인지' 그 자체였다.

이 전략이 구체적으로 실행된 대표적 사례는 세 가지다. 첫째는 부문 간 기술 이관 기준의 변경, 둘째는 기술 개발의 조직 운영 방식을 릴레이 배턴 터치 방식에서 완주 방식으로 변경한 것, 마지막 세 번째가 부문 간 획기적 수준의 인력 이동 활성화다.

기술 이관 기준의 혁신적 전진

수율 N 커브의 딜레마를 넘어서

하이닉스에서 신제품 개발이 이루어지는 프로세스는 '연구소→개발→제조'로 이어지는 기술 이관 방식이다.

연구소에서 실험실 수준의 기술을 구현하여 개발 부문으로 이관하면, 개발 부문이 FAB(반도체 제조 공장)에서 대량 생산(양산)이 가능한 수준으로 기술 완성도를 높여 제조 부문으로 이관한다. 제조로 넘어온 기술은 양산 가능 기술이지만 아직 수율은 충분히 높지 않기 때문에, 제조 부문에서 원가경쟁력과 직결되는 수율을 최고 수준으로 높이는 노력을 기울이게 된다.● 그러나 이러한 기술 개발

● 수율은 생산품 중에서 불량품을 뺀 판매 적합품의 비율이다. 불량품 비율이 높으면 그만큼 판매 적합품의 원가가 올라간다.

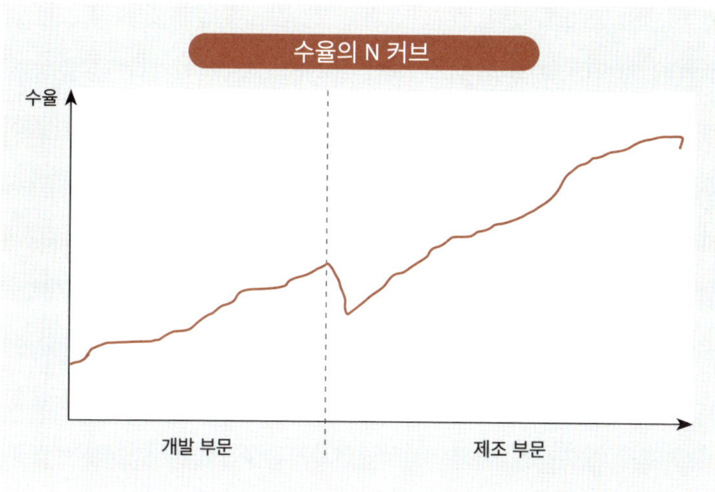

프로세스에서 하이닉스가 가졌던 문제는 바로 수율의 N 커브라고 하는 고질적 악순환이었다.

개발에서 제조로 기술이 이관될 때 개발은 기한 내 이관 조건 달성을 위해 소위 "호호 불면서"• 힘들게 이관 조건 수준으로 수율을 높여 놓는다. 하지만 제조 부문에서 양산 단계에 들어가면 수율은 여지없이 다시 고꾸라졌다. 그 이유는 제조의 양산 장비와 공정 조건이 개발 단계와 완전히 달랐기 때문이다. 이로 인해 제조에서는 양산 수율을 처음부터 다시 끌어올려야 했고, 이 과정에서 상당

• 이관 기준을 통과하기 위해서는 대량이 아닌 몇 번의 양산 생산 흐름만 통과하면 되므로 엔지니어들은 이 몇 번의 생산 흐름에서만 제발 기술이 죽지 않고 통과되도록 기도하는 마음을 가지게 된다. 이처럼 "기술을 호호 불면서 생산 흐름"에 태운다는 의미로 사용하는 용어다.

한 시간이 소요되었다. 수율 변화의 그래프가 알파벳 N의 모습을 보였던 것이다. 수율은 회사 이익과 직결되는 것인 만큼 수율의 N 커브는 하이닉스 경쟁력의 불편한 단면이었다.

시프트 레프트: 목표의 전진 배치

수율의 N 커브 문제 해결을 위해 기술 이관 조건에 시프트 레프트 전략을 반영했다. 다음 조직으로 기술을 이관할 때 약속된 기술 이관 조건을 한 단계씩 앞 조직으로 전진시킨 것이다. 당초 개발 부문에서 제조 부문으로 이관 시 정했던 목표 수준을 연구소의 목표로 전진시켰고, 제조에서 가졌던 양산 수율 목표를 개발 조직의 이관 목표로 이동시켰다. 각 부서의 책임 영역이 한 단계씩 앞으로 당겨진 셈이다(그림으로 보면 왼쪽으로 한 단계씩 이동한 '시프트 레프트'가 된다).

이를 실천하기 위해서는 제조 인력도 시프트 레프트 배치가 필요했다. 그동안 팔짱 끼고 기다리면서 '기술을 얼마나 잘 만들었는지 보겠다'라는 자세로 심판하듯 평가했던 제조 기술 전문가들이 개발 부문으로 이동하여 함께 양산 수율을 끌어올리는 협업 구조가 만들어졌다. 마치 미식축구에서 수비팀 코치가 공격팀에 합류해 더 나은 공격 전략을 함께 개발하는 것과 같은 변화였다.

연구소도 시프트 레프트 전략을 반영하여 자신들의 미션을 '양산 프렌들리(friendly)한 테크 개발'이라는 새로운 방식으로 정리했다. 연구소 미션이 제조의 양산 수율 향상에 맞추어진 것이다. 제조 부문의 입장에서는 연구소가 기술 개발 단계부터 양산을 보다 편하게 할 수 있도록 미션을 새롭게 변화시킨 것은 참으로 반가운 일이었다. 이처럼 타 조직의 목표 달성을 위해 자신의 목표마저 과감히 변화시킨 '이관 기준의 전진화'로 인해 하이닉스는 보다 완벽한 원팀의 협업 조직으로 진화할 수 있었다.

이렇게 이관 기준을 강제로 변화시키는 시스템 변화를 누구나 시행할 수 있는 것일까? 그렇지는 않을 것이다. 전체와 이타적 관점을 우선하는 신뢰가 마련되지 않으면, 이관 조건을 전진시키는 것은 과도한 역할 중복을 만들고, R&R(역할과 책임) 명확화에 혼동만 가중시켜 오히려 상황을 악화시킬 수도 있다. 이관 기준 전진화를 이끌었던 한 임원의 인터뷰다.

"이관 기준을 전진시키는 변화라는 것도 지금부터 '시작!'을 선언한다고 바로 되는 것은 아닙니다. 이관 기준의 변화는 시스템의 변화보다 일하는 방식과 협업 문화의 변화 측면이 더 크기 때문입니다. 계속 조직 간 새로운 목표를 실행해 보면서 지속적으로 시프트 레프트의 의도가 반영되도록 목표를 튜닝하는 작업이 필요했습니다."

마치 살아 있는 유기체처럼 타 부문과의 관계 최적점을 찾아가는 유연성이 필요했다. 변화는 1퍼센트의 방향 설정과 99퍼센트의 조정 작업이라고 했다. 새로운 이관 기준을 적용하고 조정하는 데에 약 3년 정도의 노력이 필요했고, 이러한 변화는 협업의 새로운 문화로 하이닉스에 완전히 정착될 수 있었다.

실제로 미국 심리학자 에드거 샤인(Edgar Schein)의 조직문화 변화 모델에 따르면, 문화 변화는 '표면적 인공물', '공유된 가치', '기본 가정'의 세 층위에서 일어나야 한다.[●] 하이닉스의 시프트 레프트는 단순한 프로세스 변경(표면적 인공물)을 넘어, 협업의 가치와 상호 신뢰라는 기본 가정까지 변화시키는 총체적 접근법이었다고 할 수 있다. 이처럼 이관 기준의 변화는 새롭게 시도하고, 소통하고, 수정하고, 관계의 신뢰를 쌓아 가는 장기간의 반복적 노력이 필요했던 그야말로 딥체인지였다. 이관 기준의 전진으로 인해 하이닉스의 기술 개발 프로세스는 그야말로 원팀의 신뢰 게임으로 진행되기 시작했고, 양산 단계에서 고질적이었던 수율의 N 커브 문제가 해결되기 시작했다.

릴레이 배턴 터치에서 완주로

배턴 터치 방식의 한계

기술 개발이 시작되면 다양한 기술 역량을 가진 인원들로 이루어진 교차 기능(cross function)의 TF가 만들어져 이 조직을 중심으로 기술 개발이 진행된다. 하이닉스에서는 이 TF를 핵심 기술을 개발하는

● Edgar H. Schein, 2010, *Organizational culture and leadership*, Vol. 2, John Wiley & Sons.

조직이라는 의미로 '코어(core) TF'라고 불렀다.

'연구소→개발→제조'의 순서로 각 부문을 단계적으로 이관하는 기술 개발 프로세스에서 코어 TF는 처음에는 연구소 조직으로 연구소장의 지휘를 받고, 개발 부문으로 넘어가서는 개발 부문장, 제조로 넘어가서는 제조 부문장의 지휘를 받게 된다. 각 부문으로 넘어가면서 해당 부문의 인원이 더 채워지고 전 단계 인원의 일부가 빠져나가는 식으로 인원 조정이 발생한다. 이러한 프로세스는 마치 육상 릴레이처럼 연구소→개발→제조의 순서로 릴레이의 배턴 터치(baton touch)가 이루어지는 방식이라 할 수 있다.

하지만 이 방식에서 하이닉스는 몇 가지 심각한 문제를 안고 있었다. 첫째는 기술 개발의 오너십 부재였다. 여러 조직이 관련되었지만, 어느 한 조직도 처음부터 끝까지 기술 개발의 전 과정을 책임지고자 하는 의지가 높지 않았다. 코어 TF라는 것으로 기술 개발의 연속성을 유지하고자 했지만, 각 부문의 지휘를 받게 되어 코어 TF와 부문이 이견이 생겼을 때는 소속 조직인 부문의 의견을 우선할 수밖에 없었다. 해당 부문은 다음 부문으로 기술을 이관시키면 본인의 책임은 일단 끝났다고 생각했고, 기술 이관 시마다 해당 부문의 장단에 맞추어야 하는 코어 TF도 역시 책임감이 약화될 수밖에 없었다.

둘째, 손 바뀜 문제와 협업의 한계였다. 일단 기술이 이관된 후 발생하는 문제에 대해서는 이관받은 조직이 해결을 책임져야 한다. 하지만 이관 후 예기치 못한 문제 발생이 다반사였다. 이관받은 조직은 문제 해결을 위해 기술 스킴(scheme)까지 바꿔 버리는 상황도 생겼고, 이로 인해 기술 개발의 일관성이 유지되지 않았다. 기술 이관 시마다 기술 개발의 주체가 달라지는 '손 바뀜'이 만들어 낸 문제였다. 이로 인한 부문 간 갈등도 높았다. 이관받은 조직은 완성도가 높지 않은 기술을 넘겨 자신들을 고생시킨다고 불만을 토로했고, 이관한 조직은 규정대로 다했는데 책임을 전가한다고 반발했다. R&R을 충분히 따르는데도 문제가 해결되지 않는 프로세스 병목 현상이 기술 개발 과정에서 그대로 답습되고 있었다.

마치 게임 이론에서 말하는 '죄수의 딜레마'처럼 각 부서는 자신의 이익(쉬운 이관)을 최적화하려 했지만, 결과적으로 전체 조직의 효율성과 제품의 품질은 저하되는 패러독스가 발생했다.

완주 방식으로의 전환

2015년, 하이닉스는 오래된 기술 개발 방식인 배턴 터치 방식을 코어 TF가 처음부터 끝까지 기술 개발 과정 전체를 책임지는 완주 방식으로 전환하게 된다. 처음 개발을 시작한 조직이 양산 단계까지 책임을 지게 하여 "내가 시작한 제품은 내가 마무리까지 한다"라는 기술 개발 오너십을 확립한 것이다. 연구소→개발→제조로 기술이 이관되는 것은 그대로였고, 코어 TF도 해당 부문 소속으로 이동되지만, 기술 개발 오너십이 부문 중심에서 코어 TF 중심으로 변화되었다. 이를 위해 코어 TF장에게 기술 개발의 전권을 부여했다. 각 부문장 역시 책임은 그대로 가지고 있었지만, 그들의 역할은 코어

TF를 지휘하는 역할에서 지원하는 역할로 바뀌었다.

기술 이관에 따라 빈번히 교체되었던 TF 멤버들의 교체도 최소화하여 그들의 손 바뀜 문제를 줄이고 오너십을 높였다. 기술 개발이 완료되어도 TF의 일부 인원은 다음 기술의 코어 TF에 남겨 이전 기술 개발의 노하우가 그대로 전달되도록 했다. 이들을 우스갯소리로 강으로 빠져나오지 못하고 산에만 계속 산다는 의미로 “산천어”라고 부르기도 했다.

기술 개발이 부문 중심의 배턴 터치 방식에서 코어 TF 중심의 완주 방식으로 변경됨으로써 손 바뀜 없이 기술 개발의 선행 노하우들이 기술 개발 전 과정에서 역량으로 축적될 수 있게 되었다. 아울러 기술 개발의 강력한 리더십을 가진 코어 TF가 부문을 넘나들며 부문 간 존재했던 사일로의 턱을 한층 낮출 수 있었다.

이러한 완주 방식으로의 변화는 각 부문의 이해관계와 상충되는 부분도 많았다. 예를 들면 기술 개발을 주도했던 부문의 역할을 밀착 지원이라는 역할로 변화시켰고, 그러면서도 부문은 오히려 과거보다 더 많은 인력들을 코어 TF로 지원해야 했던 것이다.

그러나 하이닉스에서는 이 변화를 오히려 각 부문장, 즉 Top Team이 주도했다. Top Team이 완주 방식으로의 변화를 함께 결정하고 그들이 코어 TF의 강력한 스폰서 역할을 해주었기에, 완주 방식은 하이닉스의 문화로 뿌리내릴 수 있었다. 이 변화는 기술 개발 프로세스를 부문 간 경쟁 게임에서 신뢰 게임의 양상으로 변화시키는 데 큰 역할을 하게 되었다.

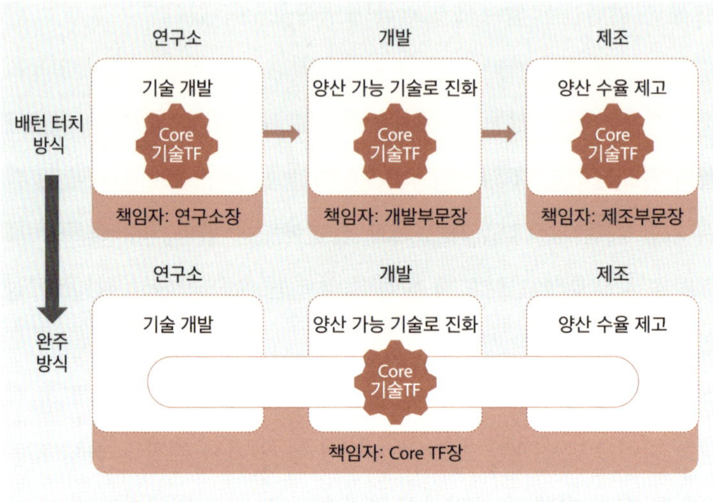

부문 간 획기적인 인력 이동 활성화

부문 간 임원 이동의 불편한 인식을 깨다

시프트 레프트와 전사 원팀 문화를 강화하기 위해서는 우선 임원들의 활발한 이동이 필요했다. 타 부문의 목표를 자신의 목표로 하기 위해서는 서로에 대한 깊은 이해가 수반되어야 했다. 하지만 과거 하이닉스에서는 부문 간 임원 이동이 드물었다. 간혹 시행된 타 부문으로의 이동 결정은 마치 "회사에서 나가라"는 통보로 인식될 정도로 해당 임원에게는 부담스러운 결정이었다. 이런 관행을 깨고 연구소 임원들이 개발 조직이나 양산 제조 조직으로 이동했고, 개발 조직 임원들이 연구소로 이동했으며, 양산 제조 임원들 또한 연구소로 이동했다.

연구소장은 회사의 CTO로 기술 회사에서는 특히 상징적 포지션이다. 당연히 CTO 자리를 맡을 사람은 오랜 연구소 경력은 물론 박사 학위 정도는 필수적으로 가져야 한다고 여겨졌다. 하지만 하이닉스는 시프트 레프트 차원으로 과감히 개발 조직에서 잔뼈가 굵은 본부장을 연구소장으로 보임했다. 하이닉스 역사상 최초의 학사 출신 연구소장이라는 농담이 나올 정도로 파격적 인사였는데, 이 결정은 연구소와 개발 부문 간 벽이 한층 낮아지고 상호 간 소통과 신뢰가 두터워지는 계기가 되었다.

“저도 깜짝 놀랐습니다. 처음 CEO로부터 언질을 받았을 때 농담을 하신다고 생각했어요. 인생에서 처음으로 일주일 동안 거의 잠을 못 잤던 것 같습니다. 저에게 맞는 옷이 아니라고 생각했거든요. 하지만 CEO와의 원온원과 이메일 소통을 통해 양산을 잘 이해하는 개발 전문가로서 제가 연구소에서 어떤 일을 해야 하는지에 대해 이해할 수 있었습니다. 저의 역할은 시프트 레프트라는 전사 전략 방향에 맞게 일하는 것이었습니다.”

한 연구소 임원은 제조 부문으로 발령받았을 때 과연 제조 문화에 적응할 수 있을지 우려했다. 그러나 1년 후에는 제조 부문으로 이동한 것이 최선의 결정이었다고 생각이 바뀌었다. 그동안 몰랐던 제조 부문의 일들을 많이 배울 수 있었고, 연구소에서 익혔던 기술 문화를 전파할 수도 있었기 때문이다. 이 임원의 이동 이후,

타 부문 이동에 대한 인식이 크게 바뀌기 시작했다. 타 부문 이동은 '방출'이 아니라 오히려 우수 인재들의 의도적 이동이라는 인식이 확산되었고, 많은 임원과 팀장이 자발적으로 이동을 희망하기 시작했다.

경영심리학자 애덤 그랜트(Adam Grant)는 저서 『기브 앤 테이크(Give and Take)』에서 '기브(give)' 문화의 중요성을 이야기했다.● 부서 간 인력 교류는 단순한 지식 공유를 넘어 '기브' 문화를 형성하는 핵심 요소다. 하이닉스의 인력 이동은 부서 이기주의를 허물고 전사적 관점에서 가치를 창출하는, '테이커(taker)'가 아닌 '기버(giver)' 문화를 더 활성화시켰다고 할 수 있다.

파격적 인사: 예상치 못한 시너지 창출

제조 현장에서 오랜 경험을 가진 수율 전문가 임원이 연구소로 이동하게 되었을 때, 그는 "성격상 가만히 앉아서 하는 일은 못 하는데 연구소에서 무엇을 하라는 건지 모르겠다"며 우려했다. 그러나 이 임원은 연구소 공정 조직에 양산 수율 관점을 접목시키고, 연구소가 양산의 관점에서 일하도록 하는 데 큰 역할을 했다. 또한 제조 조직의 치열한 문화를 연구소에 전파하는 문화적 촉매제 역할도 담당했다.

특히 주목할 만한 이동 사례 중 하나는 공정 기술 전문가 임원

● Adam Grant, 2013, *Give and take: A revolutionary approach to success*, Penguin.

을 전사 CIO로 보임한 인사다. 통상 CIO라고 하면 IT와 데이터 전문가를 떠올리게 된다. 하지만 당시 전사 DT(digital transformation)의 변화 관리가 시급했고, 이를 잘 이끌기 위해서 현장의 상황을 누구보다 잘 알고 현장과 원활한 소통을 할 수 있는 임원을 CIO로 선임한 것이다.

이는 현장의 일하는 방식을 바꾸는, 현장 조직의 변화 목표를 DT 조직이 가지도록 한 시프트 레프트의 개념이라 할 수 있다. 디지털 트랜스포메이션은 현장의 일하는 방식에서 큰 변화를 만들기 때문에 자칫 현장의 적지 않은 저항도 있을 수 있었다. 하지만 누구보다 현장 기술과 상황을 잘 알고 있는 CIO였기에 현장이 가진 문제를 가장 잘 정의할 수 있었고, DT 실행에서 현장의 지지를 얻어낼 수 있었다. DT 변화 관리도 자칫하면 현장과 DT 조직 간 변화의 주도권 경쟁, 책임 전가와 같은 경쟁 게임으로 흐를 수 있었지만, 이러한 시프트 레프트 개념의 인력 이동으로써 신뢰 게임을 만들 수 있었던 것이다.

이와 유사한 사례가 기술 임원을 HR 임원으로 이동시킨 인사 결정이었다. 하이닉스가 기술 회사인 만큼 대부분의 인사 이슈는 기술과 관련된 것이었다. 인재 채용, 역량 육성, 전략적 이동, 조직 설계 등과 같은 대부분의 인사 의사결정들은 기술에 대한 깊은 이해 없이는 잘해 낼 수가 없었다.

기술 현장과 HR 간에도 서로에 대한 이해와 신뢰가 부족했다. 현장에서는 HR이 만드는 각종 제도나 프로세스를 기술 현장을 모르는 '탁상 행정'으로 여기는 경우가 많았고, 이런 인식하에서는 엔지니어들의 역량과 동기를 높이고자 하는 프로그램들이 효과적으로 실행되기 어려웠다.

이런 문제를 해소하기 위해 하이닉스는 기술 임원들을 파격적으로 인사 조직으로 이동시켰다. 인사 업무 경험이 전무한 기술 임원을 인사 실무 임원으로 이동시킨 것은 매우 이례적인 결정이었다. 그러나 기술 임원들의 HR 조직 이동으로 인해 하이닉스 HR은 기술 현장에서 부딪히게 되는 각종 장애 요인들을 HR 솔루션으로 풀어내는 'Tech HR'로 진화할 수 있었다. 기술 현장의 역량과 동기 변화를 인사 조직의 목표로 삼게 하는 시프트 레프트의 관점이었다. 이런 변화 이후 예전에 HR이 현장 회의에 들어간다고 하면 마치 '염탐꾼'으로 인식하고 부담스러워했던 현장 리더들이 자신의 기술 이슈 회의에 HR 멤버들을 초대하여 문제를 같이 논의하려 하기 시작했다. Tech HR은 하이닉스만의 독특한 특징으로 자리 잡게 되었다.

Tech HR 이후 흥미로운 에피소드가 하나 있다. 설계 인력 육성과 전사적 활용에 관한 HR의 경영층 보고에서였다. 기존 HR 임원의 1차 보고는 만족스럽지 못한 결과였다. 2차 보고는 HR에 새롭게 부임한 기술 임원이 맡아 진행하게 되었다. 그런데 내용은 크게 달라지지 않았음에도 경영진의 높은 호응을 이끌어 냈다. 보고를 받은 경영진도 "기술 임원이 HR에 들어오니 이제야 HR이 말귀를 알아듣네"라는 반응이었다. 이날 보고 과정에서 진행된 토론은 매우 달랐다. 1차와는 달리 2차 보고에서는 기술적으로 심도 있는 토론이 있었고, 해당 임원은 경영진의 어떤 질문에도 자신 있게 설명하고 대답했다. 마치 축구 경기에서 팀워크가 완벽하게 맞아떨어지는 '티키타카' 패스처럼, 경영진과 HR의 대화가 자연스럽게 오갔다.

경영진에 대한 2차 보고는 1차와는 달리 확연히 신뢰 게임으로 진행되었던 것이다. 기술 임원이 HR 임원이 되면서 탄생한 Tech HR은 HR과 기술 현장의 신뢰 게임을 한층 강화시키는 역할을 했다.

제조 중심 회사에서 기술 중심 회사로의 변신

제조 중심 회사였던 하이닉스

하이닉스가 경영상 어려움을 겪었던 시절, 회사를 지탱했던 것은 제조의 힘이라고 해도 과언이 아니었을 정도로 제조는 회사의 중심이었다. 개발된 기술의 안정성이 다소 약해도 제조 부문에서는 어떻게든 높은 양산 수율을 달성했다. 기술 개발이 예정보다 지연되면 제조 부문은 개발 부문에 "거기서 자꾸 주물럭거리지 말고 빨리 제조로 넘겨라. 우리가 해결하는 게 더 빠르다"라고 말할 정도였다. 투자 여력이 부족했던 과거 힘든 상황에서 8인치 FAB(반도체 제조 공장)을 12인치 FAB으로 직접 개조하며 웨이퍼 12인치 시대를 연 것도 제조 부문이었다.

제조 엔지니어들은 외적 스펙 측면에서 연구소나 개발 부문에 비해 화려하지 않았다. 석사·박사와 같은 고학력자도 적었고, 이른바 명문 대학 출신 비율도 높지 않았다. 그럼에도 불구하고 하이닉스가 가장 자부심을 가졌던 경쟁력은 바로 제조 경쟁력이었다. 최소 투자로 최대 생산량을 달성하는 생산성과 효율성이 회사의 이익을 좌우하는 핵심 요소였기에, 제조 부문이 회사의 중심이라는 인식이 강했다. 제조 부문 구성원들은 스스로가 회사를 지켜 낸다는 책임감과 자부심으로 치열함의 끈을 놓지 않았다. 그만큼 하이닉스는 제조 중심으로 움직여 왔다고 말할 수 있다.

일반적으로 제조 중심 회사와 기술 중심 회사는 전략·조직·문화의 측면에서 뚜렷한 차이를 보인다. 제조 중심 회사는 효율과 안정을 중시하고, 전통적 위계와 강한 영웅적 리더십, 수직적 명령 체계, 동질적 인재, 목표 달성 집중, 효율을 위한 타이트한 리소스 운영을 특징으로 한다. 반면 기술 중심 회사는 혁신과 유연성을 중시

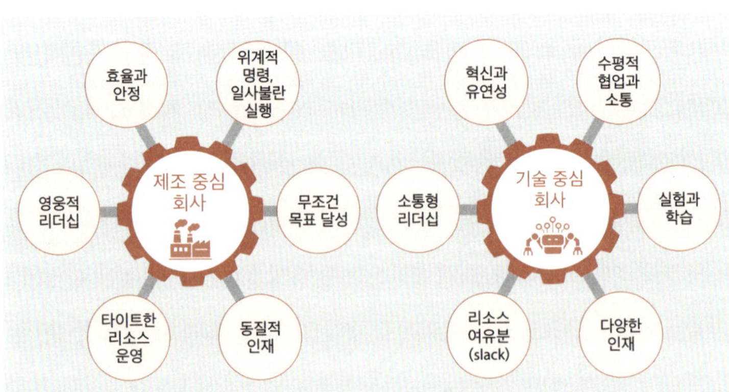

하고, 수평적 조직 구조와 심리적 안전감, 소통형 리더십, 협업과 소통, 다양한 인재, 실험과 학습, 혁신을 위한 여유 리소스 유지를 강조한다. 이 관점에서 보더라도 예전 하이닉스는 확실히 기술 중심 회사보다는 제조 중심 회사의 모습에 가까웠다.

기술 회사로의 딥체인지 여정

2013년 기술 CEO가 하이닉스를 이끌면서 Top Team에 지속적으로 던진 화두가 "우리 회사는 제조 회사인가, 기술 회사인가? 우리 회사는 어떤 모습이 되어야 하는가?"라는 근본적인 질문이었다.

사실 이 화두는 그동안 하이닉스에서 제기된 적이 없던 질문이었다. 사실 하이닉스도 기술을 매우 중시해 왔기 때문에 스스로 기술 회사가 아니라고 생각해 보지 않았다. 그런데 제조 회사인가 기술 회사인가라는 화두는 그동안 당연하다고만 생각한 하이닉스 모습을 객관적으로 바라보게 되는 계기가 되었다. "아, 우리 회사가 제조 회사였구나."

디램 개발을 이끌던 한 임원은 미국 출장 중에 만난 글로벌 컨설턴트의 말을 잊지 못했다. 그 컨설턴트는 단도직입적으로 "당신은 하이닉스가 기술 회사라고 생각하는가?"라고 물었다. 임원이 그렇다고 답했지만, 컨설턴트는 그렇지 않다고 반박했다. "하이닉스는 삼성이 먼저 검증한 기술을 따라가 시장 수요에 부족한 공급의 물량을 채우는 갭 필러(gap filler) 역할을 할 뿐, 기술 회사라고 볼 수 없다"라는 냉정한 평가였다. 이에 임원은 마땅히 반박할 말이 없었고, 이 대화를 귀국 후 다른 임원들과 공유했다.

패키지 조직을 이끌던 또 다른 임원도 "그동안 우리를 이렇게 생각해 본 적이 없었어요. 기술도 중요하고 제조도 중요하다고 생각했지, 이렇게 이분법적으로 구분해 본 적은 없었거든요. 그런데 따져 보니 우리는 제조 중심 회사였어요. 모두가 앞으로는 기술 혁신으로 성장해야 한다는 것을 알지만, 지금 모습에서 더 열심히 하자는 정도였지 우리 체질을 근본적으로 바꿔야 한다는 생각은 하지 않았던 것 같아요"라고 회고했다.

하이닉스 구성원들 스스로가 "우리는 제조 중심 회사"라는 사실을 명확하게 인식한 것이 기술 회사로의 딥체인지를 본격적으로 시작한 계기가 되었다고 할 수 있다. 이후 오랜 기간 하이닉스가 해온 딥체인지 노력의 상당 부분은 제조 중심 회사에서 기술 중심 회사로의 체질 변화였다.

일하는 방식의 변화: 효율 실행과 학습 실행

2017년 하이닉스 CEO는 그룹확대간부회의에서 일하는 방식의 혁신 방향을 효율 실행(execution as efficiency) 중심에서 학습 실행(execution as learning) 중심으로 변화하는 것이라고 발표하고 이를 하이닉스 임원들과 공유했다.

이 개념은 하버드대학의 에이미 에드먼슨(Amy Edmondson) 교수가 조직이 목표를 달성하는 두 가지 접근 방식을 설명한 것인데,* 제조 중심 회사에서 기술 중심 회사로 변화하려는 하이닉스가 일하

	효율 실행	학습 실행
개념	정해진 대로 효율적으로 실행	실행하면서 배우고 배우면서 성장
특징	• 정해진 절차와 표준에 의해 일관성 있고 예측 가능한 결과 추구 • 실수 없이 정확하게 업무 수행하는 것이 중요 • 리더는 지시를 내리고 직원들은 지시를 따르는 톱다운식 구조 • 새로운 아이디어나 질문을 제기하는 것을 주저함 • 실패는 무능	• 지속적인 학습과 개선을 통해 장기적 성공 추구 • 예상치 못한 문제 발생 시 해결 능력과 혁신 중시 • 리더는 방향을 제시하고 직원은 스스로 문제 해결 • 자유로운 의사소통과 집단 지성 • 실패를 학습 기회로 여기고 공개적으로 논의하고 개선 방안 모색

는 방식에서 구체적으로 어떤 변화를 해야 하는가에 대한 가이드로 활용할 수 있는 개념이다. 변화의 마지막 단계는 '일하는 방식'이 바뀌어 그것이 기업 내 체질화되는 단계이고, 그때 비로소 변화가 정착된다.[••] 당시 하이닉스는 일하는 방식의 구체적 변화가 매우 절실했다.

구체적 변신 노력들

하이닉스는 이러한 변화 방향에 따라 다음과 같은 구체적이고 다양한 노력을 기울여 왔다.

[•] Amy C. Edmondson, 2008, "The competitive imperative of learning," *Harvard business review* 86, July-August.

[••] 존 코터, 1999, 『변화관리』, 현대경제연구원 옮김, 21세기북스.

기술 회사 특징	하이닉스 변화 노력(사례)
플랫 문화	• 직원 위계 호칭(수석, 책임, 사원)을 TL로 단일화 • 임원 위계 호칭(부문장, 본부장, 실장)을 담당으로 단일화
혁신 문화	• 실패 사례 경진 대회 • SKMS실천상: 매달 혁신 사례들의 심사 및 시상 • Hi garage(사내 벤처) 활성화: 매년 6개 팀의 사내 벤처를 선발, 지원 • 연구소 학술 대회: 연구원들의 현업 관련 논문 발표
협업 문화	• 이관 조건의 변화 • 배턴 터치 방식에서 완주 방식으로 변화 • 부문 간 대규모 인력 교류 • 전 임원 워크숍(연 2회), Top Team 워크숍(연 2회)
인재 다양성	• 대규모 경력 채용(임원·직원): 하이닉스에 희소했던 소프트웨어, 통계, 데이터 분야의 대규모 채용 • 글로벌 기업 출신의 최고 인재 활발한 영입
리더십	• 원온원 도입: 미국 기술 회사들에서 일반화된 소통 툴인 원온원 도입 • 심리적 안전감 문화 확산
핵심 기술 연구 인력 육성	• 듀얼 커리어 트랙 강화: 연구위원, 기술위원, 기술 명장, 아너 엔지니어 • TLE(top level engineer) 육성: 현업 중심 분야별 엔지니어 육성 프로그램
학습 문화	• 하이닉스 유니버시티: 기술 역량 교육 플랫폼 • CREATE 포럼: 외부 교수 그룹과 정기적 포럼 및 협업 • 하이닉스-스탠퍼드 퓨처 인사이트 프로그램: Top Team 및 주요 임원 대상
DT	• 데이터 레이크 구축: 전사 데이터 통합과 공유 • 자동화, 지능화, 정보화 시스템 구축 • 데이터 기반의 의사결정 강화: Citizen Data Scientist 대규모 육성과 활용 • 디지털 협업 툴인 큐브 메신저 구축과 활용

혁신 문화

1) 실패 사례 경진 대회

메모리 반도체의 기술 개발 싸움은 경쟁자와의 싸움보다 자신과의 싸움이 더 크다. 미세화와 집적도의 향상, 적은 전력 소모, 더 낮은 가격의 메모리 반도체를 공급하기 위한 사명을 매번 큰 기술적 장벽이 가로막고 나선다. 이를 마주하고 극복하는 것이 메모리 반도체 산업에 종사하는 사람들의 숙명이다. 따라서 물리의 법칙을 거슬러 기술 혁신을 이루어야 하는 일들은 성공보다 실패가 많을 수밖에 없다. 수많은 실패가 누적되면서 하나의 성공 기술이 가까스로 탄생되는, 그야말로 지난한 시간과의 싸움을 하는 산업이라 할 수 있다. 이러한 실패의 축적 과정을 어떻게 자산화할 수 있는가는 보이지 않는 기술 경쟁력의 원천이다.

그렇다면 어떻게 실패를 자산으로 변화시킬 것인가? 이런 생각에서 비롯되어 업의 본질에 기초하여 기획된 행사가 바로 2018년 시작된 연구소의 '실패 사례 경진 대회'다. 기술 개발에 크게 기여한 실패 사례들을 공유하고, 포상까지 하여 격려함으로써 이러한 사례들이 그냥 사장되는 것이 아니라 회사의 기술 자산으로, 또 데이터베이스로 자리매김하도록 제도화한 것이다.

하지만 실패 사례 경진 대회가 공지되고 나서 보름이 지났지만 4건의 사례밖에 등록되지 않았다. 예상대로 실패를 터놓고 이야기하기가 쉽지 않았던 것이다. 연구소장이 직접 나서서 조직마다 찾아가 취지를 설명하고 대회에 대한 오해를 푸는 작업을 하고부터는 등록 건수가 늘어나 258건이나 접수되었다. 당시 경진 대회에 참석한 한 구성원은 이렇게 소감을 이야기했다.

"실패한 것을 이야기하라고? 그것도 상까지 준다고? 처음에는 잘 믿기지 않았습니다. 참석해 보니 경진 대회 분위기는 축제 같은 느낌이었습니다. 주제가 좀 무겁긴 했지만 대체로 밝고 편안한 분위기에서 진행되었던 것 같습니다. 그리고 연구소장님이 '힘들었을 텐데 수고 많았구나'라고 말씀해 주실 때는 기분마저 홀가분해졌습니다. '회사가 정말 변하고 있구나'라는 생각이 들었습니다."

코로나19로 인해 비록 두 차례밖에 열리지 못했지만, 하이닉스가 실패를 결코 실패로만 보지 않고 회사의 귀한 기술 자산으로 남기고자 하는 생각은 지금도 이어지고 있다. 이 또한 구성원들 사이에 신뢰가 형성되었기에 가능한 일이다. 이 실패 사례 경진 대회는 "혁신 조직으로 거듭나기 위해서는 실패를 숨기지 않고 수면 위로 과감히 드러내야 하고, 회사는 실패를 격려해야 한다"●는 전문가들의 주장과 맥락을 같이한다.

2) 학술 대회

메모리 반도체 산업은 첨단 기술을 다루는 산업이라 모든 것이 철저한 보안 속에서 이루어지고 있다. 아무리 학술적 가치가 높더라도 회사의 기술 보안을 위해 공개하지 않는 것이 불문율이다. 따라

● 에이미 에드먼슨, 2019, 『두려움 없는 조직』, 최윤영 옮김, 다산북스.

서 하이닉스는 구성원들의 넘쳐 나는 학문적 욕구와 성과를 회사의 보안 규정 내에서 공개하고 또 격려하기 위한 방법의 하나로 매년 학술 대회를 개최해 오고 있다.

3일간의 학술 대회는 외부에서 초빙한 저명한 학자·기술자들의 기조연설을 시작으로, 기술 분과별로 사전에 전문위원들(연구위원, 사내 기술 전문가, SKHU 교수 등)에 의하여 선정된 논문들과 포스터들을 발표하고 전시한다. 이 논문들은 사전에 공지된 기간 동안 접수하여 모아진다. 통상 1,000~1,500여 편의 논문들이 매년 접수되고 대상, 우수상, 격려상 등으로 구분하여 포상도 한다.

그러나 핵심은 분과별로 논문들이 발표되는 대회의 현장에 있다. 3일간 이어지는 학술 발표 현장은 그야말로 뜨거운 질의응답의 향연이다. 심지어 발표회가 마무리된 뒤에도 분과위원회 좌장과 전문위원, 논문 발표자, 참여 구성원들의 토론이 계속 이어지는 경우가 비일비재했다. 하이닉스 구성원들이 얼마나 학술적 욕구가 강한지, 그리고 하이닉스의 기술 역량이 왜 높아질 수밖에 없는지를 깨닫게 되는 살아 있는 체험장이었다.

핵심 기술 인력 육성

2016년 하이닉스는 기술 인력 역량에 대한 삼성과의 심층 비교 분석을 실시했다. 그 결과 양적 역량에서 삼성은 하이닉스가 도저히 따라갈 수 없는 규모의 경제를 가지고 있음을 확인했다. 가장 최단 기간 내 역량 격차를 줄이기 위해서는 선택과 집중이 필요하다는 결론에 이르렀고, 두 가지에 초점을 맞추기로 결정했다. 그것은 기술 임원과 TLE(top level engineer) 인력풀 강화였다. 당시 전체 인력 숫자인 2만 2천 명에 비해 극히 적은 숫자였지만, 하이닉스 전체 기술 역량을 견인할 수 있는 기술 임원(경영 임원+기술 전문 임원) 150명과 TLE 300명을 최정예로 육성할 수 있다면 일등 기업과의 양적 격차를 어느 정도 메울 수 있다는 전략이었다.

1) 기술 전문 임원 인력풀 강화

과거에도 기술 전문 임원 제도가 있기는 했으나, 선발과 활용 측면에서 경영 임원과의 차별이 어려웠고, 임원 승진 숫자의 제한에 따른 편법의 승진 수단으로 활용되기도 했다. 처우도 경영 임원에 비해 낮았고, 그 숫자도 많지 않았다. 진정한 기술 트랙 커리어 육성이라고 보기 어려웠다. 엔지니어들은 자연히 기술 전문 임원보다 경영 임원을 선호했고, 경영 임원의 자리에서는 그들의 기술적 역량을 지속적으로 발휘하기가 어려웠다.

따라서 하이닉스는 기술 전문 임원의 선발과 활용 방식을 명확히 설정하고, 기술 전문 임원의 처우를 경영 임원과 차이를 두지 않기로 했다. 또한 기술 전문 임원의 승진 숫자에도 물리적 제약을 두지 않았다. 선발은 오직 기술 전문 역량의 기준으로 분야별로 나누어 CEO와 관련 Top Team과 본부장들이 함께 참여하는 실질적인 선발 위원회를 운영하여 심도 있는 논의를 통해 이루어지도록 했다. 임원 승진의 편법이라는 여지를 철저히 없애고, 많은 엔지니어가 기술 전문 임원의 커리어를 선호할 수 있도록 만들고자 했다.

기술 조직의 Top Team과 본부장들은 기술력이 뛰어난 엔지니어들과의 커리어 면담에서 기술 전문 임원 트랙을 적극적으로 권유하고 몇 년 전부터 미리 준비를 할 수 있도록 코칭하기도 했다. 기술 전문 임원은 하이닉스 엔지니어들에게 의미 있는 커리어 목표(career goal)로 자리 잡아 갔다.

2) DE와 HE 도입

하이닉스에서 분야별 기술 인재 육성은 20년 이상의 기간이 필요한 장기 프로젝트이기도 하다. 이렇게 장기간에 걸쳐 육성된 엔지니어들은 팀장이라는 관리직으로 빠지지 않으면 커리어 성장이 정체되는 문제가 있었다. 임원뿐 아니라 직원 레벨에서도 기술 전문 트랙의 커리어가 필요했다. 해외 기업들에서 흔히 볼 수 있는, 백발이 성성한 노련한 엔지니어들이 여전히 조직의 핵심으로 활약하는 모습은 항상 부러움의 대상이었다. 이런 맥락에서 하이닉스는 팀장이라는 관리직으로 가지 않아도 본인의 기술 역량을 지속적으로 발전시키고 발휘할 수 있는 커리어 트랙으로 DE(Distinguished Engineer)를 도입했다. 이를 통해 경험 많은 고참 엔지니어의 자부심을 지키고, 그들의 전문성을 최대한 활용할 수 있게 했다.

아울러 DE는 정년퇴직 후에도 여전히 그들의 기술력을 활용할 수 있는 HE(Honored Engineer)로 남을 수 있는 기회도 부여받았다. 이는 기술 전문가들의 지식과 경험이 단절되지 않고 계속해서 기업에 기여할 수 있는 선순환 구조를 만든 것이다.

3) TLE 육성

회사의 기술 역량 수준은 전사 기술 분야별 최고 엔지니어의 역량 수준들을 연결한 선과 같다는 말이 있다. 엔지니어의 양적 측면도 중요하지만, 질적 역량 수준, 특히 최고 수준의 엔지니어 인력풀이 얼마나 중요한지를 보여 주는 표현이다.

메모리 반도체 업계의 기술 역량은 대부분 회사 고유 역량이라 회사 내에서 길러질 수밖에 없다. 하이닉스의 TLE 육성도 현장 중심으로 이루어져야 했다. 이런 측면에서 Top Team들은 산하 부문의 TLE 육성을 책임지고자 했다. TLE 후보 리스트를 만들어 별도의 육성 면담과 주요 프로젝트 경험을 부여했고, 육성 결과도 지속적으로 점검했다.

심리학에서 말하는 '피그말리온 효과(Pygmalion Effect)'는 기대가 성과를 창출한다는 이론이다. 사람은 자신에게 기대되는 바에 부응하려는 행동을 하게 된다. 상사의 관심과 기대는 TLE들의 역량 향상 노력을 배가시키고, 결과적으로 그들의 성장 속도를 가속화했다. 과거 듬성듬성 비워졌던 기술 역량 기둥들에 TLE의 리스트들이 하나둘 채워지기 시작했다.

플랫문화 조성

1) 호칭 단일화 혁신

강력한 지시와 일사불란한 실행이 만들어 내는 성과 효과가 점차 약화되고, 개별 엔지니어의 아이디어 제시와 논의, 다양한 자율적 시도가 혁신의 원천이 되기 시작했다. 따라서 수직적 위계 문화는 점점 더 수평적인 문화로 변화할 필요가 있었다.

더구나 하이닉스는 대규모 신입사원 채용으로 인해 '주니어 사원들이 쏟아져 들어왔다'고 할 정도로 조직 구성이 바뀌고 있었다. 많은 팀에서 구성원의 절반 이상이 5년 차 이하의 주니어 사원들로 채워졌다. 이 주니어 사원들은 위계적 문화에 적응하기 어려워하는 Z세대의 특성을 가진 동시에, 하이닉스 역사상 유례없는 우수한 인재들이었다. 수평적 문화로의 전환은 시급했고, 이에 대한 가장 상징적인 변화는 호칭의 단일화였다.

수석, 책임, 사원이라는 호칭 위계는 제조 중심 회사의 수직적 문화의 상징이었다. 2018년 TL(Technical Leader)로 호칭을 단일화하려 했을 때, 많은 불만과 어색함이 있었다. TL이란 호칭은 엔지니어들이 기술 역량 육성에 초점을 두면서 스스로 주도적 리더의 역할을 기대하는 의미를 담고 있었다.

단일 호칭을 도입하는 것은 가능했지만, 현장에서의 실제 사용을 강제할 수는 없었다. 잘못하면 공식적으로만 존재하고 현장에서는 사용되지 않는, 실효성 없는 호칭 변화에 그칠 수 있다는 우려도 컸다. 일부 임원들도 사석에서 반도체 기술의 숙련도를 높여 가는 것에는 선배의 지도도 중요한데, 이런 회사 특성을 무시하고 너무 트렌드를 추구하는 것 아닌가라는 걱정을 표하기도 했다.

이때 주니어 사원들의 급속한 증가가 변화의 촉매가 되었다. 이들은 기존 호칭에 대한 집착이 적은 그룹이었고, 위계적 문화에 우호적이지 않아 TL이라는 단일 호칭을 비교적 빠르게 받아들였다. 이로 인해 단일 호칭 사용은 예상보다 빠르게 정착되었다. TL 호칭 단일화는 하이닉스의 수평적 문화 구축에 큰 영향을 미친 제도적 변화였다.

2) 임원 호칭 단일화

과거 임원 직책 호칭으로 부문장, 본부장, 실장이 있었고, 직위 호칭으로는 부사장, 전무, 상무라는 호칭이 존재했다. 임원의 위계는 각종 의전 사항과 맞물려 직원 위계보다 훨씬 복잡하고 수직적이었으며, 임원 간 자유로운 협업 소통에 큰 제약이었다. 임원들은 부문 소속이 다르더라도 직책이 높은 임원에게는 각종 회의 석상에서 반론을 제기하기 어려워했다. 2018년 하이닉스는 임원 직책 호칭을 단일 호칭인 '담당'으로 변화시켰다. 예전에 써 왔던 '담당'이라는 임원 호칭은 임원 위계에서 가장 낮은 직책의 호칭이기도 했다. 어떻게 보면 부문장, 본부장 같은 시니어 임원들에게는 호칭으로만 본다면 격이 낮아지는 느낌을 받을 수도 있었다. 하지만 어떤 조직을 담당한다는 의미로서 가장 정확한 호칭이기도 했다. 임원 직책의 단일 호칭 사용 또한 부문장급인 Top Team들의 솔선수범으로 비교적 쉽게 정착할 수 있었다.

새로운 임원 조직 설계 시 부문 조직으로 할지, 본부 조직으로 할지, 아니면 실 조직으로 할지에 대한 결정은 임원들의 큰 관심 사항이었으며, 조직이 복잡해지면서 구분 기준도 애매해지고 임의적으로 갈 수밖에 없는 경우도 적지 않았다. 이런 부분들은 다 소모적인 정치적 관심일 뿐 신뢰 게임에는 도움이 되지 않는 것들이었다. 임원 직책의 호칭 단일화는 이후 SK그룹에서 임원 직위를 부사장으로 단일화한 정책과 잘 맞물려 임원들 간 위계 문화를 상당히 완화할 수 있었다.

DT가 만들어 내는 신뢰 게임의 변화들

DT가 낯설었던 하이닉스

2018년 글로벌 반도체 회사인 I사에서 영입된 공정 전문가 임원이 SUPEX 회의라는 전 임원이 모인 자리에서 '데이터 마이닝(data mining)과 머신 러닝(machine learning) 활용'이라는 주제로 강의를 했다. 그 당시만 해도 임원들은 머신 러닝이라는 주제에 대해서는 외부 전문가로부터 그 개념과 활용 방향에 대해 초보 수준의 강의를 한두 번 들어본 정도였다. 그런데 외부 전문가가 아니라 공정 엔지니어 경력만 가진 임원이 강의에서 보여 준 데이터 활용 지식과 경험은 놀라운 수준이었다. 그리고 I사의 웬만한 엔지니어들은 머신러닝에 관해 전문가 수준에 가까운 역량을 보유하고 있다고 했다. 데이터 기반의 의사결정이 많아 그런 전문성을 학습하고 육성하지 않으면 스스로 낙오할 수밖에 없어 누가 시키지 않아도 스스로 학습해야 한다는 것이었다.

강의 내용에는 하이닉스와 I사를 비교한 부분이 있었다. "엔지니어들이 사용하는 대표적 툴에 스폿파이어(spotfire)와 JMP가 있습니다. 스폿파이어는 데이터 비주얼화(visualization)에 포커스된 툴이고, JMP는 데이터 분석에 포커스된 툴입니다. 하이닉스는 데이터의 비주얼화에 주로 시간을 들이는데, I사는 데이터 분석에 온전히 시간을 들이고 있습니다. JMP에 대한 양사의 사용 시간 비교에서도 하이닉스는 11분, 그 회사는 6시간입니다."

이 강의는 글로벌 기준에서 하이닉스가 얼마나 DT에 뒤처져 있는지에 대해 하이닉스 임원들에게 큰 자극과 경각심을 주었다. 이 강의를 계기로 많은 임원은 하이닉스 엔지니어들도 도메인 지식과 데이터 분석 전문 지식을 동시에 가지는 양손잡이 인재인 CDS(Citizen Data Scientist)로 육성되어야 한다는 공감이 확산되기 시작했다.

제조 현장에서 일하는 방식의 놀라운 변화

하이닉스에서 DT의 본격화는 2018년부터인데, 그 변화 속도는 참으로 놀라운 수준이다. DT로 인해 일하는 방식이 가장 크게 변한 곳은 제조 현장이다. 2017년경 제조 현장에서 주니어 엔지니어들의 업무 과다에 대한 하소연들이 익명 게시판을 도배한 적이 있었다. 실제 업무를 들여다보니 그들이 하는 일의 상당 부분이 하루 종일 장비에 뜨는 알람을 끄는 일이었다. 끝없이 반복되는 이 일을 하느라 소중한 시간을 낭비하고 있었다. 역량 성장에 별 도움이 되지도 않는 단순한 일을 주니어 엔지니어들이 의당 해야 한다는 인식에 그들은 더욱 힘들었던 것이다. 예전의 이런 현장을 기억하고 있는 필진에게 지금 제조 부문의 일하는 모습은 가히 상전벽해의 수준이다. 제조 부문을 이끄는 한 임원은 현장의 변화에 대해 다음과 같이 설명했다.

"지금도 진행형이라는 전제 아래에서 DT를 가장 잘 실천하고 있는 조직이 바로 제조 기술 부문이 아닌가 생각합니다. 이것이 가능하게 된 배경에는 몇 가지 요인이 있습니다. SK 브랜드가 된 이후 우수한 신입 인재들을 많이 확보할 수 있었고, 이들 중에는 대학을 졸업하며 이미 머신 러닝 등 디지털 역량을 가진 인재들도 많았고, 제조 기술 업무 습득 및 수준 향상 속도가 매우 빨랐습니다. 여기에 DT 담당 조직의 디지털 환경 구축과 SKHU의 데이터 역량 인증 과정 및 IPA(Intelligent Personal Assistant, 대표적으로 사내의 Data Analysis Program을 말한다) 등 다양한 디지털 역량 향상의 기회가 주어져 제조 기술 조직의 변화 속도를 크게 높였습니다. 과거에 회사 내 3D 업종이라고 여겨졌던 제조 기술이 최첨단 디지털 환경이라는 강력한 무기를 장착한 GWP(great work place)를 모범적으로 실천하게 된 것입니다."

코로나19 사태가 가져온 위기는 제조 인력이 반도체 생산 현장에서만 근무해야 한다는 고정관념을 던져 버리게 된 큰 기회로 작용했다. 물론 여기에도 보안 문제와 일하는 시간에 대한 회사와 구성원 사이의 상호 신뢰가 뒷받침되었기에 가능했던 것이다. 사람의 이동과 직접 대면이 제한적인 환경에서 궁여지책으로 시범 삼아 해본 한 기술팀의 원격 근무가 성공적으로 마무리되면서, 모든 제조 기술 부문으로 원격 근무를 횡전개할 수 있었다. 이제 제조 부문은 이천·청주 생산 현장이 아닌 거점 사무소가 있는 곳이라면 어디서든 근무가 가능하게 되었다고 한다.

사내 디지털 역량 향상이 가져온 또 하나의 변화는 현장의 데이터 분석력에 관한 오너십이 대폭 강화된 것이다. 중앙집중형·폐쇄형 구조로 일부 권한 보유자만 접근할 수 있었던 데이터를, 개방형인 데이터 레이크(data lake)에서 엔지니어 누구나 자유롭게 활용할 수 있도록 했다. 따라서 예전에 데이터 전문가들만 할 수 있는 각종 분석을 일반 엔지니어들이 자동화된 분석 도구를 활용하여 스스로 직접 분석할 수 있게 된 것이다. 명확한 데이터가 제공되어 책임 소재에 대한 불필요한 논쟁과 다툼을 해결해 주기도 했으며, 발견된 문제 해결을 위한 협업의 단초 역할을 해주고 있다.

DT가 하이닉스의 신뢰 게임에 미친 긍정적 영향

DT는 하이닉스의 신뢰 게임에 다방면에서 긍정적 영향을 미쳤다. 우선 근무 환경의 유연성이 크게 향상되었다. 거점·공유 오피스,

큐브 메신저, Goodocs, 지식블로그 등 DT 도구를 기반으로 유연한 근무 체계가 가능해졌고, 직원들이 주도적으로 근무 환경을 설계할 수 있게 되었다. 업무 생산성도 크게 향상되었다. 단순 반복 업무의 자동화로 고부가가치 업무에 집중할 수 있게 되었고, 다양한 소통 도구의 활용으로 이메일 의존도가 크게 줄어들어 업무 시간이 단축되었다.

데이터 기반의 의사결정이 강화되었다. 데이터에 기반한 투명하고 객관적인 의사결정이 가능해져, 현업 엔지니어들의 의사결정 자율성과 신뢰성이 높아졌다. 또한 각 조직에 개별적으로 관리되던 데이터가 전사적으로 공유되어, 모든 엔지니어가 필요한 데이터를 활용할 수 있게 되었다.

협업과 소통이 강화되었다. 큐브 메신저 등 DT 도구를 통해 PC와 모바일에서 양방향 대화, 실시간 공동 작업, 외부와 연결된 개방형 생태계가 구축되어 협업과 소통이 활성화되었다. 특히 큐브 메신저의 활성화는 놀라울 정도다. 회사 내 진행되는 거의 모든 프로젝트가 메신저에 등록되어 소통의 툴로 사용되고 있다. 중간에 프로젝트에 참여하는 인원들도 메신저의 소통 기록들을 다 볼 수 있어서 프로젝트의 진행 과정을 전부 파악할 수 있게 된 것이다.

AI 시대에 필요한 역량 육성(upskilling)이 촉진되었다. 현장 엔지니어들이 도메인 지식과 데이터 분석 전문 지식을 동시에 갖춘 양손잡이 인재, 즉 CDS로 대규모 육성되어 AI 시대에 적합한 인재로 성장했다. 데이터 기반의 의사결정을 효율적으로 수행하는 것을 넘어 업무 환경, 소통, 육성, 개방적 조직 문화를 긍정적으로 개선시켜 하이닉스의 신뢰 게임을 한 단계 높이는 역할을 한 것이다.

전략 측면에서 신뢰 게임의 의미

하이닉스의 시프트 레프트 전략은 단순한 프로세스 개선이 아닌, 기업의 근본적인 협업 DNA를 재구성하는 '딥체인지'였다. 부문 간 기술 이관 기준의 변경, 기술 개발 방식의 전환, 획기적인 인력 이동을 통해 하이닉스는 제조 중심 회사에서 기술 중심 회사로 성공적으로 탈바꿈했다.

이 과정에서 가장 중요한 것은 '신뢰'였다. 부서 간 장벽을 허물고, 서로를 이해하며, 공동의 목표를 향해 함께 나아가는 신뢰 기반의 협업이 하이닉스 성공의 핵심 요소였다. 시프트 레프트 전략은 이러한 신뢰를 체계적으로 구축하고 강화하는 촉매제 역할을 했다.

인내와 끈기도 중요했다. 한 임원이 회고했듯이, 이러한 변화가 하이닉스의 문화로 완전히 정착되기까지는 약 3년의 시간이 필요했다. 딥체인지는 하룻밤에 이루어지지 않았고, '1퍼센트의 방향 설정과 99퍼센트의 조정'이라는 지속적인 노력과 헌신, 그리고 불가피한 시행착오를 거쳐 점진적으로 이루어졌다.

DT는 이러한 변화를 가속화했다. DT는 단순히 기술적 변화가 아니라, 일하는 방식, 소통 방식, 의사결정 방식의 근본적인 변화를 가져왔다. 이를 통해 하이닉스는 더욱 강력한 신뢰 기반의 협업 문화를 구축할 수 있었다.

하이닉스의 전략적 '신뢰 게임'은 기업이 어떻게 기술적 혁신을 넘어 문화적 혁신을 이룰 수 있는지를 보여 주고 있다. 지속 가능한 혁신은 기술에서 시작하지만, 궁극적으로는 사람과 문화에서 완성된다는 가장 중요한 진리를 되새기게 한다.

TRUST

Chapter 5

인사·조직의
신뢰 게임

GAME

하이닉스 신뢰 게임의 중추 Top Team

하이닉스의 리더십 팀, Top Team

지금 하이닉스가 가지는 신뢰 문화의 원천은 단연 CEO와 부문장들이 구축해 온 Top Team의 원팀 스피릿이라 할 수 있다. Top Team 구성원 간의 신뢰를 그대로 각 조직으로 하방 전개한 것이 바로 하이닉스의 신뢰 문화다. "우리 회사 Top Team의 원팀 스피릿은 자랑할 만하다"라고 이야기할 수 있는 회사가 얼마나 될까? 그만큼 Top Team 구성원 간의 신뢰는 하이닉스의 남다른 강점임에 틀림없다.

Top Team이라는 용어가 독자들에게는 낯설 것이다. 일반적 용어는 리더십 팀이다. 리더십 팀은 통상 C 레벨 임원으로 구성되어 회사의 비전, 전략 그리고 전사 차원의 최적화 방안을 논의하는 집행 임원의 최고 협의체 그룹이다. 대부분의 대기업들은 이러한 리더십 팀을 가지고 있다.

Top Team과 유사한 글로벌 회사의 사례로 잘 알려진 것은 아마존의 제프 베이조스가 운영한 'S-Team(Senior Team)' 회의다. S-Team은 CEO와 각 사업 부문 부사장 등 아마존의 주요 임원들로 구성되어 있으며, 아마존의 미래 비전, 전략적 의사결정, 조직 문화 형성 등 회사의 중대한 사안들을 논의하고 결정하는 역할을 맡고 있는 최고 리더십 팀이다. Top Team은 하이닉스의 S-Team이라고 말할 수 있다.

SK그룹에서는 리더십 팀을 Top Team이라는 용어로 자주 불렀는데, 하이닉스도 이 용어를 그대로 도입했다. 하이닉스는 대규모 부문이 여러 개로 구성된 기업의 규모 측면, 그리고 전사의 밸류 체인(value chain)이 긴밀히 연결된 비즈니스 특성 등으로 인해 전사 최적화 문제는 언제나 경영의 최우선 과제였다. 그만큼 어떤 다른 회사보다도 Top Team의 역할이 중요했고, 이들이 자주 만나서 함께 고민해야 할 이슈 발생의 빈도도 높았다. 하이닉스는 Top Team이 가장 모범적으로 운영되어야 하는 회사이기도 했다.

전사 원팀의 출발점 Top Team

많은 기업에서 부문장 회의 혹은 C 레벨 회의 등의 이름으로 회의체가 운영되고 있는데, 하이닉스 Top Team은 일반 부문장 회의와 비교하여 참여자의 인식과 역할에서 결을 조금 달리한다. 부문장 회의는 참석자가 부문의 대표라는 의미가 강해서 부문의 상황과 입장을 잘 전하고 전사의 입장을 부문에 전달하는 것이 일차 목적이다. 하지만 Top Team에서는 멤버들이 부문 대표라는 의미도 있지만, CEO의 전략적 씽킹 파트너(strategic thinking partner)의 역할이 강하다. 비율로 따지자면 부문 대표 역할 50퍼센트, 전략적 씽킹 파트너 역할 50퍼센트 정도다. 즉 Top Team 멤버로서 부문장들은 부문의 경영 성과를 이끄는 부문장의 역할과 CEO와 함께 전사적 관점에서 의사결정을 해가는 CEO 스태프라는 두 개의 모자를 쓰고 있다.

언어가 사유를 지배한다는 말이 있듯이, 돌이켜 보면 Top Team이라는 용어의 선택은 참으로 적절했다. Top Team이라는 용어의 의미와 역할을 세세히 설명한 것도 아닌데, 그동안 익숙한 부문장 회의를 Top Team이라는 용어로 바꾸어 쓰다 보니 참석자들이 저절로 '전사적 관점'에서 사고하게 되었던 것이다. 한 부문장은 이렇게 회상했다.

"처음에 Top Team이라는 용어가 낯설고 어색했습니다. 그 의미도 잘 모르겠고, 누가 설명도 자세히 해주지 않았어요. 그런데 왠지 전사 원팀이라는 것을 강조하는 것 같고, CEO 레벨의 전사 전략에 관한 팀이라는 느낌도 주었어요. 자주 그 용어를 사용하다 보니 저절로 체득되었다고 할까요? 부문장 회의는 개별 부문의 관점이라는 의미가 컸는데, Top Team은 확실히 원팀의 전사 관점이 더 크게 다가왔어요. Top Team의 어젠다도 전사 최적화 방향으로 흘러갔어요. Top Team이라는 용어로 인해 우리가 알게 모르게 원팀이라는 사고를 하게 됐던 것 같아요."

아마존은 S-Team이라는 용어를 선택할 때 리더십 팀을 어떻게 부르는 것이 좋을지에 대해 각별히 신경을 썼다고 한다. 회사의 방향과 전반적인 전략을 형성하는 데 중추적인 역할을 하는 아마존의 최고 경영진 그룹이라는 위상을 강조하기 위해 'Senior Team'을 의미하는 S-Team이라는 고유한 이름을 부여했다고 한다.

'우리' Top Team이 되다

Top Team 멤버들이 Top Team 용어를 쓸 때 흥미로웠던 점은 "우리 Top team"이라는 용어로 사용하는 것을 자주 듣게 되었다는 것이다. 어느새 Top team은 서로에게 '우리'로 변해 있었다. '심리적 안전감(psychological safety)'이라는 개념을 연구한 하버드 비즈니스 스쿨의 에이미 에드먼슨 교수의 연구에 따르면, 팀원들이 서로를 '우리'로 인식하는 소속감을 가질 때, 비로소 위험을 감수하고 솔직하게 소통할 수 있는 심리적 안전감의 환경이 조성된다고 한다.●

Top Team 회의는 매주 진행되었다. 전사 상황을 공유하고 전략적 결정에 대한 의견을 서로 교환했다. 처음에 Top Team 회의는 의도와는 달리 과거 부문장 위클리 회의처럼 운영 중심의 내용으로 진행되기도 했다. 매주 한 번씩 부서 회의를 하는 것을 위클리 회의라고 하는데, 각 부문의 운영 사항만을 보고하고 끝나는 모습이었다. CEO는 지속적으로 전사 전략에 관한 논의의 자리로 Top Team

● 에이미 에드먼슨, 2019, 앞의 책.

회의를 전환하려고 했다. 운영에 관한 부문 위클리 요약은 서면으로 대체하고, 전략적 논의가 필요한 사항으로 논의 어젠다를 올려줄 것을 지속적으로 요청했다. Top Team은 점차 전사 최적화와 회사 전략 방향을 논의하는 그룹으로 변해 갔다.

Top Team 회의의 또 다른 형태로 부정기적으로 열리는 Top Team 워크숍이 있었다. 이때는 특정 이슈를 가지고 하루 종일 워크숍을 가졌는데, 가장 빈번한 이슈는 '본원적 경쟁력 강화'였다. 일등기업인 경쟁사와의 경쟁력 격차가 축소되지 않고 있다는 점은 참으로 뼈아픈 현실이었고, 워크숍을 통해 스스로 부족했던 부분에 대해 냉정한 반성 시간을 가졌다. Top Team 워크숍에서는 반드시 실천 아이템을 만들고 해당 아이템의 수행에 책임을 지는 이슈 오너(issue owner)를 정해 실행력을 높였다.

조금 특이한 형태의 Top Team 워크숍도 있었다. 이른바 끝장토론 워크숍이었다. 완벽한 결론과 합의에 이르기까지 토론을 끝내지 않는다는 것이다. 끝장 토론에 올라오는 이슈 자체가 결론과 합의 도출이 쉽지 않는 이슈이다 보니 미팅은 1박 2일의 토론으로 이어지곤 했다. 이런 밤샘 토론으로 워크숍의 결론을 도출하는 것도 중요했지만 Top Team 멤버 간의 신뢰도 한층 높아졌다.

"사실 Top Team 회의라고 해도 소위 선수끼리는 더 이상 깊이 파고들어 논의하지 않는 부분들이 적지 않았어요. 찜찜하게 끝나는 부분이 있지만 더 깊이 들어가면 서로가 난감해할 수 있는 부분은 언급을 피하는 경우가 많았어요. 그런데 끝장 토론에서는 그 영역까지 들어갈 수밖에 없었죠. 밤이 늦어지면 토론이 술자리 토론으로 바뀌곤 했어요. 끝장 토론의 결론은 이렇게 꼭 자정을 넘겨야 합의가 되더라고요. 그리고 끝장 토론을 통해 평소 하지 못하는 깊은 속내를 서로 나눌 수 있었어요. 그동안 한 번도 하지도, 듣지도 못했던 이야기들이 오갔어요. 그 이후로 부문장들이 서로 상당히 친해진 것 같아요."

Top Team의 신뢰가 하방 전개되어 만들어지는 전사 협업 문화

많은 기업이 협업의 중요성을 강조하고 협업 문화 구축에 노력하고 있지만, 전사 협업 문화의 중심축은 바로 현장 조직의 수장인 부문장들 간의 신뢰다. 부문장들의 신뢰가 그대로 하방 전개되어 만들어지는 것이 전사 협업 문화인 것이다.

"예전에는 부문들끼리 정말 많이 으르렁댔어요. 부문장끼리 직접 부딪치면 어색해질 수 있어서 민감한 이슈에 대해 이야기할 사항이 있으면 가급적 아래 임원들을 보냈죠. 그런데 타 부문에 가서 함부로 말할 수도 없었어요. 괜히 그쪽 의견에 동의했다가 돌아와 혼쭐이 날 수 있거든요. 항상 투사가 되어 싸우고 돌아와야 했어요."

이처럼 하이닉스도 처음부터 부문장 간 신뢰 게임의 플레이가 좋았던 것은 아니었다. 서로 간의 R&R을 따지고, 문제의 책임을 상대에게 미루고, 업무 외적인 면에서도 감정의 골이 깊은 통상적인 회사의 모습이었다.

이러했던 하이닉스는 기술 CEO의 등장과 Top Team이라는 새로운 임원 조직 운영을 통해 신뢰의 중심축이 만들어지게 되었던 것이다. 경영 이론가인 패트릭 렌시오니(Patrick Lencioni)는 조직의 궁극적 경쟁력은 "파이낸스도, 전략도 그리고 기술도 아니다. 그것은 바로 팀워크다. 팀워크는 너무나 강력하면서도 매우 드물기 때문이다"라고 이야기하고 있다.● 또한 그는 팀워크에서 가장 중요한 기초가 신뢰라고 하면서 신뢰라는 기초가 흔들리면 팀워크는 집이 무너지듯 붕괴될 수밖에 없다고 강조했다. 이것을 하이닉스에 적용하면 Top Team의 팀워크는 하이닉스가 가진 궁극적 경쟁력의 원천이라고 할 수 있고, 이 팀워크를 지탱하는 힘이 바로 Top Team 구성원 간의 신뢰다.

기술 CEO의 보임

기술 CEO가 신뢰 구축을 더 잘할 수 있는 이유

신뢰는 어디서 나오는가? 한 연구 논문●●에 따르면 신뢰는 아래 세 가지 요소의 결합이라고 한다.

● 패트릭 렌시오니, 2021, 『팀워크의 부활』, 서진영 옮김, 위즈덤하우스.

●● Frances Frei and Anne Morriss, 2020, "Begin with trust," *Harvard Business Review*, May-June.

- **진정성**: 당신의 진짜 모습을 보고 있다고 생각할 때
- **논리**: 당신의 판단과 능력을 인정할 때
- **공감**: 당신이 그들의 입장을 공감하고 배려할 때

이 세 가지가 결합되어 신뢰를 이끌어 낸다고 할 때, 하이닉스와 같은 기술 회사에서 기술 CEO가 어떻게 더 높은 신뢰를 이끌어 낼 수 있는가에 대한 실마리를 찾을 수 있다. 위의 세 가지 요소 중 진정성은 기술 CEO와 꼭 관련이 있는 것은 아니다. 하지만 나머지 두 가지, 논리와 공감은 기술 CEO와 관련이 매우 크다.

기술 회사의 중요한 의사결정의 대부분은 기술적 의사결정이고, 하이닉스 Top Team의 논의도 기술적 상황에 대한 정확한 인식과 대응 방향에 집중된다. 논리라는 면에서 CEO의 기술적 판단과 능력을 믿을 때, 그리고 공감이라는 면에서 각 부문이 처한 기술적 상황을 일일이 설명하지 않아도 CEO가 공감하고 이해할 때, CEO에 대한 신뢰가 높아질 것이다. 기술적 의사결정에서 이러한 논리와 공감을 이끌어 내는 것은 기술 현장에서 오랜 기간 엔지니어로서 충분한 경험과 지식을 가진 기술 CEO가 훨씬 잘할 가능성이 크다.

하이닉스 신뢰의 기본 축은 Top Team의 신뢰다. 그리고 그 축의 뿌리는 기술 CEO가 만들어 낸 신뢰라 할 수 있다. 2013년 P 사장의 CEO 보임은 하이닉스에서 처음 일어난 기술 CEO 보임이었다. 이전 CEO들도 뛰어난 역량과 인품을 가진 CEO라는 평을 들었

지만, 기술 이슈의 논의가 가득 찬 하이닉스에서 기술 CEO만큼 논리와 공감의 신뢰를 구축하기는 쉽지 않았을 것이다.

의사결정이 신뢰 게임인가 정치 게임인가

기술 회사에서 기술적 배경이 약한 CEO라면 전사 최적화나 기술적 이슈에 대해 결정할 때 각 조직들의 의견에 많이 의존할 수밖에 없다. 이때 각 조직은 기술의 본질적 논리보다 CEO가 잘 이해할 수 있도록 쉬운 논리와 잘 포장된 단어로 자기 조직에 유리한 결정을 내리도록 유도하고자 한다. 경우에 따라서 누가 더 말을 잘하고, 목소리가 큰가에 따라 유리한 의사결정을 받아 낼 가능성도 있다. 이렇게 되면 의사결정 과정이 신뢰 게임보다는 정치 게임으로 진행될 가능성이 높아진다. 기술 CEO가 아니었던 시절에 근무했던 한 임원의 회고다.

"심각한 품질 문제가 있었어요. 내가 생각해도 우리 조직의 기술적 문제로 보였는데, 부문장은 다른 조직의 문제에 초점을 맞춰 CEO 보고서를 만들라고 했어요. 저로서는 어쩔 수 없었죠."

하지만 기술 CEO가 보임되면서 각 조직에서는 자기에게 유리한 보고를 하려고 하는 정치적 행동의 내적 동기가 급격히 낮아졌다. 기술의 본질에 벗어난 보고를 했다가는 CEO의 몇 가지 질문만으로 자신의 의도가 노출되어 버리기 때문이다. 기술 CEO가 참석하는 의사결정 회의에서는 각 조직의 목소리를 키우는 정치적 논리보다 합리적·기술적 논리가 지배하게 되었다. 자신을 더 어필하려는 경쟁의 논리도 협업의 논리로 대체되기 시작했다.

하이닉스의 온라인상에서는 임원들의 기술적 토의가 많았다. 토의 어젠다를 주로 던지는 사람은 CEO였다. 전사적으로 가장 고민되는 기술적 약점이나 역량 부족에 관한 주제를 던지면 임원들이 의견을 올리는 방식이었다. 어떤 명확한 답을 얻고자 하는 의도 외에도 하이닉스가 처한 문제들에 대한 심각성과 절박함에 대한 공통된 인식을 가지는 효과가 컸다.

Top Team 회의에서 가장 빈번한 논의 이슈가 '본원적 경쟁력'에 관한 것이 될 수 있었던 것도 기술 CEO가 하이닉스의 기술 경쟁력 차이 이슈를 끊임없이 제기하고 토의를 유도했기 때문이라 할 수 있다. 이 모든 것은 기술 CEO가 아니면 할 수 없는 신뢰 게임이었다. 과거에 Top Team은 사석에서 "우리 회사에서는 사내 정치를 잘 볼 수 없다"라는 이야기를 자주 했다. 전사 의사결정의 대부분이 기술적 합리성을 추구하는 의사결정이고, 기술 CEO와 상호 신뢰 관계였기에 정치적 스킬을 사용할 필요가 거의 없었기 때문이다. 하이닉스는 이렇듯 기술 CEO의 보임이 이어지면서 신뢰 게임이 한층 더 강화될 수 있었다.

충분한 보임 기간과 장기간의 승계 준비

경쟁사들도 역시 기술 CEO를 가진다는 점을 생각하면 신뢰 게임에서 하이닉스가 가진 차별점은 무엇일까? 그것은 하이닉스의 딥체인지가 가장 필요한 시점에서 CEO가 충분한 보임 기간을 가졌다는 것과 이후 CEO 승계를 위해 비교적 오랜 준비 기간을 거쳤다는 점이다.

하이닉스에 CEO 장기 보임이 왜 중요했나?

CEO의 충분한 보임 기간이 왜 하이닉스에 유리했을까? 국내 대기업 CEO의 보임 기간은 3~4년 정도가 보통이다. CEO 보임 기간을 정하는 데는 여러 변수가 영향을 줄 것이고, 이 기간의 길고 짧음에 따라 장단점이 있다. 하지만 당시 하이닉스는 가장 큰 변화가 필요한 시점이었다. 채권단 영향하에서 SK그룹으로의 변화, 제조 중심 회사에서 기술 중심 회사로의 변화, 본원적 경쟁력이 약한 허약 체질에서 강한 체질로의 변화 등과 같은 딥체인지 과정에서 P 사장은 6년이라는 비교적 장기간 동안 CEO 역할을 했다.

CEO가 새로 보임되면 보통 회사에서는 과거의 전략, 문화, 역량의 균형점을 버리고 새로운 균형점을 찾고자 한다. 여기에 맞추어 임원진도 새로운 진형을 갖춘다. 특히 고위층인 Top Team 구성원들의 변화는 크다. CEO와 Top Team의 변화에 따라 줄줄이 사탕

식으로 모든 계층에서는 새로운 경영층의 의중을 읽어 내려 하고, 케미스트리(chemistry)를 맞추는 별도의 정치적 탐색전도 힘들게 가져야 한다. SK 인수 후 하이닉스 임원들도 자신의 네트워크를 총동원하여 "새 임원이 들어온다는데 어떤 사람이야?"라고 물어보고, 나름대로 파악한 정보를 주위 사람들과 한동안 이야기했다고 한다. CEO 교체 시 어느 조직에서나 나타나는 자연스럽지만 소모적인 조직 반응이라 할 것이다.

CEO가 교체되면 예전 체제에서는 옳았던 것이 완전히 부정되는 경우도 많다. 이것은 새로운 변화를 만들고자 하는 새 경영진의 자연스러운 움직임이기도 하다. 이렇게 회사는 새로운 리더십하에 조금씩 새로운 균형점을 만들어 가게 되는데, 그 기간은 족히 2~3년이 걸리는 힘든 작업이다. 그리고 3년 후에 CEO가 또 교체된다고 생각해 보자. 겨우 만들어진 균형점의 안정과 신뢰를 기업 경쟁력으로 활용할 시간도 없이 다시 새로운 신뢰 쌓기의 게임에 돌입해야 한다.

마이크로소프트의 사티아 나델라 회장이 반복적으로 떠올린 문장 하나가 "일관성이 완벽성보다 낫다"라는 표현이었다고 한다.● 이와 같이 지속적인 딥체인지가 필요했던 시점에서 P 사장의 장기 보임은 하이닉스에 신뢰가 지속적으로 쌓여 이것이 경쟁력의 무기로 활용되는 충분한 시간이 될 수 있었다. 딥체인지 또한 지속적으

● 사티아 나델라, 2017, 『히트 리프레시』, 최윤희 옮김, 흐름출판.

로 일관성을 가질 수 있었다.

CEO의 장기 보임은 Top Team의 장기 보임으로도 이어진다. 일부 멤버의 교체는 있었지만 CEO와 두터운 신뢰를 쌓은 Top Team은 안정적 보임을 유지했는데, 이 또한 산하 조직으로 Top Team의 신뢰가 하방 전개되는 것에 긍정적 영향을 주었다. 다음은 장기 보임과 관련하여 연구소를 이끌었던 임원의 회고다.

"개발 부문에서 연구소장으로 보임되고 제가 조직에 본격적으로 기여하기 시작한 것은 거의 1년 반 정도 지난 시점인 것 같습니다. 연구소에 대해 거의 다 안다고 생각하고 왔는데, 와서 보니 정말 아는 게 부족했습니다. 그래도 제가 연구소장 역할을 부끄럽지 않게 했다고 생각할 수 있게 된 것은 4년이라는 비교적 장시간의 기회 덕분이라 생각합니다. 연구소에 대한 통찰의 힘이 3년째부터 본격적으로 발휘될 수 있었습니다. 제가 만들고 싶은 연구소의 시스템과 문화도 한 3년 정도 다지고 나니 연구소에 뿌리내릴 수 있었고요. 만약 제가 2~3년 만에 연구소를 떠났다면 무엇을 기여했는지 자신 있게 이야기할 게 별로 없었을 것 같습니다."

임원들의 물갈이를 변화의 동력으로 자주 활용하는 한국 기업이 많은 상황에서 Top Team 레벨의 장기 보임을 이야기하는 것은 직관적으로 받아들이기 어려울 수 있다. 하지만 회사의 딥체인지가 진정으로 필요하다면, 그것이 착근할 수 있도록 변화를 이끄는 임원에게 충분한 보임 시간이 필요하다. 전임자의 딥체인지 방향을 그대로 계승하는 임원은 현실적으로 매우 드물다. 누구나 자신만의 유산을 남기고 싶어 하기 때문이다. 이때 전임자의 딥체인지 노력은 거의 새롭게 리셋된다. 딥체인지가 착근하려면 반드시 일정 기간이 필요하기 때문에 리셋되는 순간 그 조직에 축적된 변화의 성과는 거의 사라져 제로 상태로 돌아오게 된다.

일반적으로 직급이 올라갈수록 장기적 관점을 견지해야 한다는 것은 상식이다. 경영철학과 기업문화 그리고 전략까지 상위의 경영층은 항상 장기적 관점에서 최선의 의사결정을 해야 하는 사람들이다. 그런데 이런 장기적 경쟁력 강화의 숙제를 맡은 사람들이 2~3년을 자신의 보임 기간으로 생각하면 과연 장기적 관점을 가질 수 있을까? 누구라도 단기 성과에 집중할 수밖에 없을 것이다. 고위 경영층의 이런 단기 성과 집중은 전사적 관점에서 회사의 신뢰도를 낮출 수밖에 없다.

딥체인지의 일관성을 만든 오랜 준비 기간의 CEO 승계

하이닉스에서 CEO 승계를 위해 오랜 준비 기간을 가졌다는 것은 어떤 의미일까? P 사장 이후에도 하이닉스에서 기술 CEO의 보임은 이어졌다. CEO 승계와 관련하여 하이닉스는 그 준비 기간을 상당히 길게 가졌다. 새로운 승계 후보자에게 다양한 경험을 부여하여 전사적 시각을 갖게 하고, 아울러 검증의 기간도 가졌던 것이다. 물론 P 사장의 장기 보임이 승계 준비 기간을 저절로 길게 만든 부분이 있었을 것이다. 이로 인해 CEO와 승계 후보자는 멘토와 멘티로서 장기간 깊이 있는 소통의 시간을 가질 수 있었다. 회사의 딥체인지를 위한 노력 역시, CEO가 승계 후보자와 지속적인 소통 속에서 함께 방향을 만들어 간 부분이 적지 않았다. 이러한 과정 덕분에 CEO 승계 이후에도 회사의 딥체인지 방향의 일관성이 잘 유지될 수 있었다. 전략 및 문화 방향은 물론이고 개별 임원들에 대한 평가까지도 전임과 후임 CEO는 동일한 이해를 공유할 수 있었다.

이런 방식의 CEO 교체로 인해 '예전에는 맞았는데 지금은 틀리다'에 해당하는 것들이 최소화될 수 있었고, 이는 하이닉스 딥체인지의 일관성과 신뢰 게임 강화에 큰 힘으로 작용했다.

하이닉스의 상징 리더십:
겸손 리더십

하이닉스의 신뢰 게임을 이야기하면서 신뢰 게임을 이끌었던 CEO들의 리더십 스타일을 이야기하지 않을 수 없다. 하이닉스의 CEO 리더십 스타일은 한마디로 겸손 리더십(humble leadership)이다. 일반적으로 CEO들은 자신의 뛰어난 능력을 입증하여 최고의 위치에 오른 자신감이 넘치는 인물들이다. 그래서인지 겸손 리더십이 가장 큰 특징이라고 이야기할 수 있는 CEO는 잘 떠오르지 않는다. 그만큼 겸손은 CEO들이 갖기 힘든 특징이기도 하다.

짐 콜린스는 굿 컴퍼니를 그레이트 컴퍼니로 끌어올리는 가장 최고의 리더십 단계를 '레벨 5 리더십'이라고 명명하고 겸손을 매우 중요한 특징의 하나로 이야기했다.[●] 이들은 개인적 영웅주의나 자아를 내세우기보다는 부하의 동기와 능력을 신뢰하고 집단적인 지혜를 활용하려는 특징, 그리고 자신이 답을 알지 못한다는 것을 인정하고 끊임없이 경청하고 배우려는 특징을 보인다고 한다.

반도체업은 상시 전시 체제인 산업이다. 여기에 적합한 리더십이라면 전장의 장수처럼 카리스마가 있고, 웅변적이고, 자신감에 넘치는 리더십의 모습을 누구나 떠올리지 않을까? 하지만 하이닉스 CEO들의 리더십 모습은 이런 이미지와 대척점에 있는 겸손 리더십이다. 겸손 리더십은 자신을 낮추는 단순한 태도를 넘어 타인에 대한 신뢰를 바탕으로 그들의 의견을 존중하고 배우려는 열린 자세를 가지는 리더십 스타일인데, 이는 하이닉스 기술 CEO들의 이미지와 고스란히 겹친다.

CEO의 겸손 리더십 영향을 가장 크게 받는 대상은 직속 보고라인에 있는 Top Team 임원이었다. 하이닉스 Top Team은 상대적으로 높은 심리적 안전감을 보유하여 CEO에게 어떤 사안도 비교적 꺼리지 않고 말할 수 있었다. CEO 앞에서 위압감이나 긴장감을 크게 가지는 Top Team 임원은 거의 없었다. 이런 Top Team의 심리적 안전감과 적극적 스피크업은 상사인 CEO가 가진 겸손 리더십에 대한 자연스러운 반응이라 할 수 있다.

● 짐 콜린스, 2021, 앞의 책.

겸손 리더십의 특징 중 하나는 '논쟁이 아닌 대화를 한다'는 것이다. 필진은 몇 년 동안 Top Team 회의에 참석했지만 CEO가 본인의 주장을 강하게 밀어붙이거나 그것을 관철시키려고 큰소리를 치는 경우를 한 번도 본 적이 없다. 보통 부문장 회의라고 하면 자주 논쟁이 일어날 수밖에 없고, 이런 논쟁은 승자와 패자로 결말이 나기 쉽다. 하지만 Top Team 논의는 승자와 패자가 만들어지지 않는 대화로 이어졌다. 강한 호통이나 책임 질책은 더더욱 들어본 적이 없다.

겸손 리더십의 또 하나의 특징은 질문과 학습이다. 늘 상대로부터 무엇이라도 배우고자 하는 자세다. 그래서 Top Team에서 CEO의 발언 점유율은 언제나 낮았고, Top Team을 대상으로 한 수 지도하려는 모습도 거의 없었다. CEO의 발언은 주로 질문 중심이었고, Top Team은 답변을 꺼리지 않았다. 간혹 Top Team의 대답이 허술한 적도 있었지만, 그것에 대해 어떤 지적도 하지 않았다.

임원이 보고를 위해 CEO 방으로 찾아가려 하면 "제가 차 한잔 마시러 그쪽으로 갈게요"라는 대답이 잦았다. 사전 약속이 없더라도 불쑥 현장으로 찾아와 "차 한잔 줄래요?"라는 말을 자주 건넸다. CEO와의 대화를 기억하는 한 임원들의 회고다.

"CEO 방에서 이야기하는 것과 제 방에서 이야기하는 것의 편안함의 차이는 아주 큽니다. CEO 방은 문을 열고 들어갈 때부터 긴장감이 없을 순 없거든요. 자기 집에서는 점수를 몇 점 먹고 들어간다고 하잖아요. 제 방에서 대화하면 아무래도 비공식인 대화를 하는 느낌이 들었습니다.”

“CEO가 제 방에 자주 오시는 모습을 부하 직원들도 다 보게 됩니다. CEO가 우리 상사의 방에 이렇게 자주 찾아오는 것은 ‘우리 상사가 CEO의 존중과 신뢰를 받고 있구나’라는 생각을 갖게 해주는 것 같았어요.”

잭 그린버그(Jack Greenberg) 전 맥도날드 회장은 CEO가 지녀야 할 가장 훌륭한 두 가지 특징은 경청 능력과 다른 사람이 좋은 동기를 갖고 있다고 생각하는 태도라는 유명한 말을 남겼다. 상대의 동기를 의심하지 않는 태도는 겸손 리더십의 중요한 특징이기도 하다. 상대의 동기를 의심하지 않는 사람들을 보통 ‘착한 사람’이라고 표현하게 되는데, 이런 점에서 하이닉스 CEO들은 ‘착한 사람’이라고 평가하지 않을 수 없다. 그분들의 속마음까지는 알 수 없지만, 많은 회의나 사석에서 그들은 특이할 만큼 타인들의 언행에 대해 언제나 좋은 동기로 해석하는 습관을 보였다.

특히 Top Team의 의도를 언제나 좋게 해석하는 CEO의 특징은 Top Team에 대한 강한 신뢰감을 보이는 신호이기도 했다. 이렇듯 CEO의 겸손 리더십은 Top Team 내에 남다른 신뢰가 쌓이게 하는 촉매가 되었음이 분명하다. 이런 영향 때문인지 하이닉스에는 다른 회사에 비해 겸손 리더십을 보유한 임원들이 상대적으로 많았다. 물론 겸손 리더십이 항상 좋은 리더십이라고 할 수는 없다. 하지만 회사 차원의 신뢰 게임을 지속하는 데서 겸손 리더십을 발휘하는 임원이 많다는 것은 분명 유리한 조건이라 할 수 있다.

HR의 탈중앙화와 자율화

부문장에게 HR 권한을 부여하다

일반적으로 HR의 권한은 CEO로 집중된다. HR 조직은 CEO 산하 조직으로 편제되어 CEO의 HR 의사결정의 스태프 역할을 하게 된다. 대부분 HR 조직은 현업 부서의 입장에선 자신들을 통제하고 모니터링하는 조직이라는 이미지가 강하다. 그만큼 기업에서 전사 효율화와 중앙화의 대표적 수단이 HR이기도 하다. 이런 이유로 HR 권한을 부문장들 자율로 위임하게 한다는 것은 CEO 입장에서도 쉬운 결정이 아닌 것이다.

더구나 HR과 관련된 이슈만큼 말도 많고 탈도 많은 게 없다. 그런 HR을 부문장 각자에게 일임하면 득보다 혼란과 비효율이 늘 것이란 걱정은 어쩌면 당연하다. 이 때문에 부문 자율의 HR 실행은 CEO의 부문장에 대한 신뢰가 웬만큼 높지 않고는 이루어질 수 없다. 하지만 하이닉스는 부문장들에게 산하 조직의 HR 정책을 스스로 디자인하도록 권한을 위임하고, 부문장의 HR 의사결정을 밀착 지원하는 HR팀까지 만들어 부문장 직속으로 편제시켰다.

대부분 기업에서 현장 HR 조직은 본사 HR에 소속되어 현장 운영 업무를 지원한다. 하이닉스에서는 현장 HR팀을 부문장 직속 조직으로 하여 전사 HR 입장보다 부문의 입장을 우선시하도록 했다. 이로 인해 부문장들도 현장 HR팀을 자기 식구라고 생각하게 되었다. 이처럼 부문장 직속으로 별도의 HR팀을 만들고 부문장이 자율적인 HR을 하도록 하는 회사는 참으로 드물기 때문에 하이닉스의 결정은 그만큼 파격적이라 할 수 있다.

HR 의사결정의 주체는 현장 리더

왜 하이닉스는 이렇게 탈중앙화의 현장 중심 HR을 시행하게 되었을까? 경쟁력은 역량과 동기의 결합이라고 앞에서 설명한 바 있다. 부문장들이 산하 조직의 경쟁력을 높일 수 있는 방법은 결국 사람·조직의 역량과 동기를 변화시키는 방법 이외는 별도의 뾰족한 방법이 없다. 그 이외에 달리 무슨 방법이 또 있을까?

역량과 동기는 바로 HR 의사결정의 핵심 변수들이다. 그런데 현실은 어떤가? 회사는 부문장들에게 산하 조직의 경쟁력 강화를 요구하지만, 정작 경쟁력 강화의 핵심 수단인 역량과 동기에 관한 HR 권한의 대부분은 중앙에 집중되어 있다. 이런 상황에서 현장 리더들이 과연 경쟁력을 키울 수 있을까? 이런 이유로 하이닉스는 부문장을 포함한 현장 리더들이 HR 의사결정의 주체가 되기를 원했던 것이다.

하이닉스와 같은 큰 규모의 회사에서는 각 부문 간에도 구성원들에게 요구되는 역량과 일하는 방법의 차이가 매우 컸다. 전사 단일 룰의 HR 의사결정이 효율적일 수는 있으나, 부문의 특색을 반영할 수가 없어 그 효과성에서 적지 않는 문제가 있었다. 이런 이유로 부문장들을 믿고 부문 자율의 HR을 일단 시행해 보기로 한 것이다.

이때가 2014년이다.

부문 자율 HR을 하이닉스에서는 '비즈 HR'이라고 불렀는데, 이것을 시행한 후 일어난 가장 큰 변화는 바로 부문장·본부장들이 산하 조직의 역량과 동기를 변화시킬 수 있는 의사결정의 양이 대폭 늘어나고 그 질이 높아졌다는 점이다. 이것은 그들이 성과 창출 변수로 역량과 동기라는 변수를 적극 활용하기 시작했다는 의미다. 예전 같으면 전사 HR의 고유 권한으로 생각하여 스스로 즉시 실행하지 못했던 조직과 인력의 변경, 외부 역량의 채용, 자체 포상, 역량 육성, 일하는 문화 변화 등에 관해 적극적으로 의사결정을 하기 시작한 것이다. 당시 연구소를 이끌었던 임원의 회상이다.

"연구소 내 필요 역량 기둥을 비즈 HR팀과 함께 그렸습니다. 역량 기둥별로 회사가 보유한 톱 엔지니어 리스트를 채웠습니다. 필요한 역량인데도 채워지지 않는 역량 기둥들이 적지 않았습니다. 이 부분을 채우기 위해 적극적으로 인재 영입에 나설 수밖에 없었습니다. 매년 지속적으로 역량 기둥을 점검했습니다. 지금 돌이켜 보면 그때 기울였던 노력이 지금의 하이닉스 역량 기둥을 탄탄하게 만드는 데 적지 않게 기여했던 것 같습니다."

이 임원은 미국의 한 글로벌 반도체 기업에서 일하는 한국 출신 톱 엔지니어들을 일일이 개별 접촉하고 오랜 기간 신뢰 관계를 구축하여 대규모 영입에 성공하기도 했다. 현장 리더가 직접 외부 인재 영입에 많은 노력을 기울인 보기 드문 사례였는데, 이는 하이닉스가 부문 자율 HR을 과감히 실행하여 얻는 결과라고 할 수 있다. 이처럼 부문장이 직접 현장의 역량과 동기의 이슈를 발굴하고, 문제 해결을 진두지휘하는 모습이 하이닉스에서는 점차 자연스러운 광경이 되었다.

정말 우리 마음대로 해도 됩니까?

하이닉스는 비즈 HR을 시행하면서 부문 자율의 HR 방침에 대한 설명회를 가졌는데, 이때 한 임원이 믿기지 않는다는 표정으로 질문을 던졌다. "정말 전사 허락 없이 우리 마음대로 팀을 만들어도 된다고요? 진심인가요?"

"예, 당연합니다."

각 부문 내에서 진행되는 경영회의 안건에서도 HR 안건의 비중이 크게 확대되었다. 부분장·본부장 스스로가 산하 조직의 역량과 동기를 책임지려는 HR 수행의 주체적인 모습을 보이기 시작했던 것이다. HR은 HR 부서가 하는 것이 아니라 현장 리더가 직접 하는 것이라는 인식이 확산되어 갔다. 이런 사례 중 하나가 제조 부문의 일하는 문화 디자인이다.

제조 부문은 스스로 GWP(great work place) 지수를 만들고 각 리더들에게 GWP 지수를 높이도록 강조했다. GWP는 전사 HR에서는 전혀 다루지 않았던 개념이었다. 그 당시 제조 부문은 작업 환경이 가장 열악하고 일의 강도가 높은 곳이라는 이야기가 많았다. SK 편입 후 갑자기 대폭 늘어난 신입사원 수로 인해 제조 부문의 인력 구성은 거의 주니어 사원 중심이었다. 이들은 짧은 기간 내 제조 부문의 터프한 문화에 적응하기 쉽지 않았고, 부서장들도 부서 내 갑자기 늘어난 신입사원들을 코칭해 주기가 쉽지 않았다. 사내 게시판에는 제조 현장은 '아오지 탄광'이라는 표현도 적지 않게 등장했다. 제조 부문 스스로 일하는 문화를 바꾸는 것이 시급했다. 그들은 일하는 문화 변화를 위한 각종 프로그램을 만들고, 변화 과정을 주기적인 설문조사로 점검해 갔다. 이런 노력으로 그동안 변화가 쉽지 않다고 생각했던 제조 부문의 강한 위계 문화가 변화하기 시작했고, GWP 지수의 설문조사 결과도 점차 눈에 띄게 개선되어 갔다. 제조 부문의 HR 셀프 디자인이 아니었다면 그런 결과는 얻지 못했을 것이다.

HR 어젠다로 매달 미팅을 하다

앞서 말한 부문장들의 자율적 HR 시행을 촉진한 제도가 있었는데, 이는 바로 HR 이슈로 부문장·본부장들이 참여하는 기업문화 혁신회의였다. 이 회의는 매월 열리는 월례회의다. 오직 HR 이슈만 가지고 전사 본부장급 이상의 고위 임원들이 매달 허심탄회한 논의 시간을 가진다는 것 자체가 타 회사에서는 좀처럼 보기 힘든 모습이다. 그만큼 하이닉스 경쟁력 강화에서 역량과 동기의 이슈는 중요하고 시급한 것이었고, 현장의 리더 임원들이 HR 의사결정의 주체라는 인식이 높았음 뜻한다.

기업문화 혁신회의도 처음에는 전사 HR 조직에서 주로 발표하고 토의하던 형식이었다. 하지만 비즈 HR 시행 이후부터는 부문장들이 자기 조직의 HR 이슈를 발표하고 공유하고 논의하는 형태로 변해 갔다.

전사 HR 어젠다는 아무래도 현장의 비즈니스 상황에 직결되는 정도가 약했다. 비즈니스 상황이 다 달라 부문 간 공통되는 사항에 초점을 맞출 수밖에 없었기 때문이다. 그런데 부문장이 고민하고 발표하는 HR 어젠다는 해당 부문의 비즈니스 특성과 매우 직결된 내용으로 채워졌다. 기업문화 혁신회의에서 각 부문이 발표하는 HR 이슈와 솔루션들은 타 부문들에도 많은 참고 자료가 되어 상호 학습의 장이 되기도 했다. 사업과 기술 중심으로만 고민하던 임원들이 산하 조직의 역량과 동기를 변수로 활용하여 비즈니스 문제를 풀어내고, 사람을 활용한 경쟁력 강화에 관심을 가지는 리더의 모습으로 바뀌어 간 것이다.

부문 자율 HR로 더 강화된 신뢰 게임

부문장들이 자신의 HR팀을 가지고 부문 HR을 셀프 디자인하게 한 것은 세 가지 면에서 하이닉스의 신뢰 게임에 큰 의미를 가졌다.

첫째, 각 부문별로 역량과 동기 개선에 관한 의사결정이 양적으로 증대되고 질적으로 높아졌는데, 이를 전사로 다 합쳐 보면 회사 차원에서 역량과 동기에 대한 의사결정이 엄청나게 늘어났다는 이야기다. 이는 경쟁력의 축인 동기와 역량의 실질적 상승으로 이어질 수밖에 없음을 의미한다.

둘째, 동기와 역량에 관한 관심 증대는 구성원들에 대한 신뢰 증대를 의미하기도 한다. 동기와 역량의 증대 노력은 사람을 경쟁력의 원천으로 삼고자 하는 것이고, SK에서 강조하는 VWBE, 즉 자발적·의욕적 두뇌 활용의 환경 조성이기도 하다. 바로 사람에 대한 두터운 믿음을 기초로 하는 것이다.

셋째, 부문장들에게 HR에 대한 권한을 대폭 위임하여 자율에 맡기는 것은 부문장들에 대한 CEO의 두터운 신뢰가 전제되어야 한다. 보통 부문장이 강한 인사권을 가지게 되면 부문장은 더 많은 자원과 인력을 통제함으로써 자신의 입지를 강화하고 영향력을 확대하려고 한다. 결과적으로 전사 차원의 최적화가 훼손될 가능성이 커진다. 이런 우려에도 불구하고 부문장이 자율적으로 HR 디자인을 하도록 한 것은 CEO와 부문장 간 신뢰가 그만큼 두텁다는 것을 잘 보여 준다. 결과적으로 HR 분권화에 대한 우려 사항은 전혀 발생하지 않았고, 하이닉스의 신뢰 게임은 더욱 강화되었다.

전시 체제의 룰인 신상필벌 원칙과 거리 두기

성과주의에 매력적인 신상필벌의 인사 원칙

메모리 반도체업은 언제나 전시 체제였다. 전시 체제의 조직 운영에는 강한 규율의 원칙이 적용되는 것이 상식이다. 인사원칙으로 따지면 강한 신상필벌의 원칙이 적용된다. 신상필벌이란 '성과가 있는 곳에 보상이 있고 잘못이 있는 곳에는 반드시 책임을 묻는다'는 인사 원칙으로 조직의 기강을 확립하고 임직원의 책임감을 고취하며 성과주의 문화를 정착시키는 데 중요한 역할을 한다.

그래서 하이닉스 내부에서도 치열함을 더 높이기 위해서는 신상필벌을 강화해야 한다는 의견도 적지 않았다. "잘못해도 크게 문제 삼지 않는데 누가 그렇게 절박하게 일하겠는가?" 죽기 아니면 살기로 일해야 하는 업종이므로 절박함을 갖춘 문화를 만들기 위해 필요한 것이 신상필벌이라는 생각이었다. 더구나 일등 기업이 실시하는 많은 것들을 배우려는 이등 기업의 입장에서 삼성의 치열한 문화를 만든 원칙이라고 알려진 신상필벌이 더더욱 매력적으로 보일 수밖에 없었다.

신상필벌과 거리 두기

성과주의의 강화에 매력적인 신상필벌이었지만 하이닉스는 이 원칙을 가까이하지 않았다. 거의 모든 프로젝트가 협업으로 진행되어야 하는데, 성공의 공과 실패의 책임을 누구에게 한정시키는 것 자체가 쉽지 않았다. 오히려 신상필벌이 협업 스피릿을 약화시킬 수 있다는 생각이 더 컸다. 더구나 실패한 프로젝트에서 개발된 기술이 그다음 프로젝트에 투입되어 더 큰 성공을 만드는 일도 적지 않았는데, 이 경우 앞선 프로젝트를 실패라고 단정 지을 수 없었다.

한 예로, A라는 디램 미세화 프로젝트가 있었다. 경쟁사와 숨

막히는 기술 미세화 경쟁이었기에 반드시 성공시켜야 하는 프로젝트였다. 그런데 A 프로젝트에서는 기술 플랫폼이라는 새로운 개념이 도입되었다. 혁신적인 기술들을 한번 투입하면 이후 몇 단계의 프로젝트는 당분간 이 기술을 기본 기술로 삼는다는 것이었다. 매번 미세화 프로젝트마다 기술을 달리 가져가는 것은 기술 개발의 효율성을 떨어뜨렸다. 기술의 완성도도 약했고, 생산 공정에서도 큰 변화가 필요했기 때문이다. 새로운 기술 플랫폼으로 간주된 A 프로젝트에는 당연히 혁신적 기술 시도가 많이 적용될 수밖에 없었다. 하지만 새로운 기술 시도가 많았던 이 프로젝트는 결국 개발 일정 지연으로 프로젝트 자체만 보면 실패에 가까운 프로젝트가 되었다. 중요한 프로젝트였던 만큼 그 당시 회사의 실망도 적지 않았다. 신상필벌의 관점에서 보면 회사의 기대가 컸던 이 프로젝트의 책임자들에게 어떤 식으로든 책임을 묻는 것이 마땅했다.

하지만 회사는 이 프로젝트에 대한 평가를 일정 지연이라는 실패의 관점보다 새로운 기술 개발을 위한 도전과 학습이라 판단했다. 새롭게 적용된 기술이 다음 프로젝트에 적용되면 이후의 디램 기술 개발 프로젝트들이 훨씬 원활하게 진행될 것이라는 기대를 가졌던 것이다. 결국 회사는 책임을 묻지 않았고, 이 프로젝트의 책임자들은 이후 여러 기술 프로젝트에서도 여전히 리더 역할을 수행했다.

실제로 A 프로젝트에서 적용된 혁신 기술들은 이후 진행된 기술 개발 프로젝트들의 기술 플랫폼이 되어 하이닉스의 기술 개발 수준을 한 단계 높였다. 기술 미세화 속도가 더 빨라지고, 더 탄탄

한 기술이 구현되기 시작했던 것이다. A 프로젝트는 장기적 관점에서 실패 프로젝트가 아니라 성공 프로젝트였던 것이다.

하이닉스에서 진행되는 프로젝트들은 성공만큼이나 실패도 많다. 하이닉스가 신상필벌을 적용하기가 쉽지 않는 이유에는 인재풀이 두텁지 않다는 현실적인 문제도 있었다. 특정 직무를 맡을 후보의 인력들이 충분하다면 큰 어려움 없이 선수 교체를 할 수 있다. 하지만 하이닉스는 그렇지 못했다. 기술 프로젝트에서 누구나 한 번씩은 실패를 경험할 수 있는데, 이때마다 신상필벌의 원칙을 적용하면, 결국 이를 피해 갈 임원과 팀장은 많지 않을 것이다. "그럼 소는 누가 키우나?"라는 아우성은 불을 보듯 뻔했다.

또한 출발할 때부터 아주 도전적 수준의 목표로 시작된 프로젝트는 그만큼 실패할 확률도 컸다. 프로젝트 책임자가 치열하게 노력하지 않아서 실패하는 것이 아니라 그 목표가 너무 높은 수준이었기 때문이다. 실패에 대해 큰 책임을 물으면, 성공 가능성이 낮고 난이도가 높은 최고급 기술을 누구도 개발하려 하지 않을 것이다.

강한 규율과 원팀 스피릿, 무엇을 우선할 것인가?

연구소에서는 몇 년간 '실패 사례 경진 대회'라는 것을 진행했다. 자신의 실패 경험에서 배울 점을 찾아내고 그것을 공유하는 연례행사였다. 실패에 상을 준다는 것은 신상필벌과는 정반대되는 개념이었다. 처음 이 행사를 시작할 때 주위에서 곱지 않는 시선도 있었다. 성공에 대한 절박감을 약화시킬 수 있다거나 실패를 쉽게 용인하는 분위기를 확산할 수 있다는 우려였다. 하지만 이 대회는 연구소에서 실패를 숨기지 않고 오히려 드러내어 학습으로 이어지게 함으로써 도전과 혁신 문화를 강화시키는 데 도움을 주었을 뿐 아니라, 실패를 두려워하지 않게 하여 연구원들에게 심리적 안전감의 기반이 되기도 했다.

신상필벌을 할 때 단지 벌을 주는 영역만 힘든 것이 아니다. 상을 주는 데도 어려움이 있다. 매년 SK그룹 주관으로 최고의 성취 사례에 대해 포상하는 'SUPEX 대상'이라는 제도가 있다. 하이닉스는 SUPEX 대상을 응모할 때마다 '핵심 기여자'를 선정하는 것에 항상 어려움을 겪었다. 핵심 기여자를 몇 명 내로 한정하라는 가이드가 있는데, 이는 상 나눠 먹기가 될 수 있는 문제점을 해소하기 위한 가이드였다. 하지만 거의 모든 프로젝트가 광범위한 조직의 협업으로 진행되는 하이닉스에서는 성과 사례에서 핵심 기여자를 몇 명으로 제한하여 선발하기가 매우 어려웠던 것이다. 연구소부터 품질관리에 이르는 모든 조직의 기여자들이 협업하여 거의 n분의 1씩 기여했다고 말할 수도 있다. 이런 상황에서 누구를 핵심 기여자로 한정하여 포상하면 협업 문화를 약화시킬 수 있다.

하이닉스에서 신상필벌을 강조하지 않는 탓에 강한 규율은 다소 약화되었을 수도 있다. 하지만 이것이 학습과 도전 문화의 기틀이 되고 전사가 원팀 스피릿을 발휘하는 데 도움이 된 것은 확실하다. 엔지니어들의 심리적 안전감 같은 하이닉스의 장점들을 만들어냈고, 근본적으로는 하이닉스의 신뢰 게임을 강화했다고 할 수 있다. 다행히 요즘 많은 연구에서 신상필벌이라는 당근과 채찍은 창의적이어야 하고 복잡한 문제를 풀어야 하는 경우, 그리고 많은 협업이 필요한 경우에는 동기부여가 되지 않는다는 것에 방점을 찍고 있다.

Chapter 6

하이닉스 신뢰 게임의 열매: HBM

세계 최초로 HBM을 개발하다

AI의 뜨거운 열기 속에 메모리 반도체의 지각 변동을 이끈 제품이 HBM(High Bandwidth Memory, 고대역폭메모리)이다. 딥러닝 기반의 AI 모델들은 이전보다 훨씬 많은 데이터를 처리하고 복잡한 연산을 수행해야 한다. 기존 디램은 대역폭이 제한적이어서 AI의 폭발적인 데이터 처리 요구량을 충족하기 어렵다. GPU나 다른 AI 가속기로 데이터를 빠르게 전달하는 데 병목현상이 발생하기 때문이다. HBM은 기존 디램보다 훨씬 넓은 대역폭을 제공하는 고성능 메모리 인터페이스로서 여러 개의 디램 칩을 수직으로 쌓아 올리고 첨단 패키지 방식인 TSV(Through Silicon Via, 실리콘 관통 전극) 기술을 통해 칩을 연결하여 데이터 전송 속도를 혁신적으로 향상시킨 제품이다.

하지만 2013년에 하이닉스가 HBM을 처음 개발했을 때 시장으로부터 큰 주목을 받지 못했다. 고성능 메모리 인터페이스가 필요하지 않던 시대였기 때문이다.

기존 시장 구도를 흔들 수 있는 변수를 찾자

그럼 어떻게 하이닉스는 HBM을 개발하게 되었을까? 전통적인 디램 시장은 고객이 가격을 결정하는 바이어 마켓이었다. 고객 수요 변동에 따라 디램 가격은 등락이 심하다. 이런 시장에서 공급량도 적고 제품 다양성도 떨어지는 하이닉스가 범용 제품 시장을 치고 나가 경쟁사를 극복하는 것은 거의 불가능에 가까웠다. 그러던 중 2011년 한 콘퍼런스에서 마이크론이 HMC(Hybrid Memory Cube)라는 제품의 프로토타입을 발표했다. 이 기술은 메모리 대역폭 문제를 해결하기 위해 3차원 패키지 공법을 활용하여 데이터를 병렬 처리하는 방식으로 설계된 제품이었다.

기존 시장 구도에 변화를 줄 조그만 실마리라도 찾아야 했던 하이닉스에 이 소식은 큰 자극제가 되었다. 디램이 범용 제품에서 탈피하여 커스텀화된 제품으로 갈 수 있는 실마리를 주는 힌트라고 생각했다. 때마침 미국의 A사에서 자신의 그래픽카드 성능 향상을 위해 HBM 개발을 제안했고, 그때부터 본격적으로 HBM 개발을 시작하게 되었다. 그리고 2013년 세계 최초로 하이닉스가 HBM의 개발에 성공했다. 당시 HBM 개발을 이끌었던 임원의 인터뷰다.

"2011년쯤 리스크가 매우 큰 프로젝트가 하나 생겼는데 맡아서 할 의향이 있는지 문의가 들어왔어요. HBM1 개발 프로젝트였는데, 설계 인력 약 10여 명을 데리고 연구소로 가서 개발을 해보라는 제안이었습니다. 이왕 시작한 바엔 하다가 장렬히 전사하더라도 제대로 해보자는 생각에, 설계만이 아니라 소자와 제품 그리고 레이아웃 인력까지 50~60명의 디램 신제품 개발 프로젝트에 준하는 팀을 구성해 달라고 요청하면서 제품화하는 데까지 책임을 지고 해보겠다는 통 큰 제안을 했습니다. 당시 회사가 어려운 상황임에도 이 제안을 받아 준 것이 참 신기했고, 그것이 HBM1 세계 최초 개발의 첫걸음이 아닌가 생각합니다."

특히 HBM1 4단 적층에서 5,000개가 넘는 TSV와 메모리 칩의 핀 패턴과 연결되는 작은 금속 구조물인 접합볼(Bump)을 연결하는 기술적 장벽은 엄청난 도전이었다. 많은 전문가는 이 기술 개발에 수년이 걸릴 것이라 예상했지만, 하이닉스의 패키지 및 테스트(P&T) 전문가들은 불과 1년 만에 이 기술을 확보하는 놀라운 성과를 거두었다. 다만 프로젝트가 성공하여 제품화까지 이루었지만 A사에 1만 개 정도 판매하는 데 그치고 본격 양산에 이르지 못했던 것은 HBM1 세계 최초 개발의 아쉬움이었다.

성공 뒤에 찾아온 시련:
HBM2 개발에서 뒤지다

HBM 세계 최초 개발이라는 기술 성과에 고무되어 HBM2의 개발을 시작했지만, 하이닉스는 HBM의 기술적·사업적 속성을 제대로 이해하지 못해 HBM2 개발에서 경쟁사에 뒤졌고, 그 결과 사업 기회를 잃게 된다.

일반적으로 디램은 기술 전환에 보통 3년 이상 걸리며, 성능·생산성 향상의 변화도 20~30퍼센트 정도인 것이 보통이나, HBM의 버전 체인지는 기간이 2년 내로 짧으며 그때마다 파워와 스피드 등의 사양은 2배 정도로 크게 늘어나야 한다. 이것을 충족하게 위해서는 설계와 패키지에서 기존 기술과는 확연히 다른 혁신 기술들을 대거 채택해야 했다. 이런 HBM의 속성에 대한 이해도가 당시는 충분하지 못했기에, 세계 최초로 HBM을 개발했음에도 충분한 성능을 뒷받침하는 완성도가 높은 새 제품을 만들어 내지 못했다.

시련은 여기서 그치지 않았다. HBM팀이 심기일전을 위한 단합대회를 마치고 뒤풀이를 하던 식당에서 불이 나 긴급 대피를 하던 연구원 몇 명이 다치는 사고까지 겹치게 되었다. 안되는 집안에는 핑계가 많아지는 법이라고 했던가. 이러한 악재들이 겹쳐 HBM2는 개발 단계부터 철저히 실패하고, 고객과 약속했던 납기를 지키지 못하게 되었으며, 경쟁사에 최초 개발이라는 성공의 자리와 비즈니스 기회 둘 다 모두 내어 주고 말았다.

이 당시 고객사인 N사의 반응은 아직도 잊히지 않는다. "N사의 엔지니어는 하이닉스 사람이 아니다. 우리가 왜 하이닉스 제품을 계속 평가하고 피드백해 주어야 하느냐, 더 이상 하이닉스를 위해서 시간과 돈을 쓸 수 없다. 경쟁사 수준으로 제품을 만들어 와라." 상당히 자존심 상하는 상황이었지만, 자사 제품의 결함으로 고객에게 불편을 준 것이 사실인데 어쩔 수 없었다. 이런 대접을 받으면서도 고객에게 평가를 받기 위해 구성원들은 끈질기게 N사의 문을 두드려야 했다.

실패를 딛고 HBM2E 개발에 나서다

많은 기업들은 실패 앞에서 좌절하고 방향을 전환하곤 한다. 그러나 이때 하이닉스는 달랐다. HBM2에서 개발 지연의 실패를 단순한 좌절이 아닌 학습과 예방 접종이라 판단하고, 개발자에 대한 책임 추궁 대신 회사가 무엇이 부족했는지 냉철하게 복기했고, 부족한 점을 보완하여 오히려 더욱 강력한 개발팀을 꾸리게 되었다. 이러한 노력들이 HBM2 실패에 따른 위기를 성공으로 바꾸어 주게 되었는데, 그 중심 사례 중 하나가 MR-MUF(Mass Reflow Molded Underfill)라고 하는 패키지 공정의 혁신이다.

HBM은 웨이퍼 상태로 완성된 디램 칩을 수직으로 쌓고, 아래와 위의 디램 칩을 TSV라는 방식으로 연결한다. 최초 2단에서 4단, 8단, 12단으로 적층화된다. 완성된 디램이 서버나 PC 등에서 작동할 때는 상당한 열이 발생하는데, 하나도 아니고 4개, 8개, 12개식으로 여러 개를 쌓아 올려 작동시키면 엄청난 열이 발생할 수밖에 없다. 게다가 일반 디램보다 고속 작동을 하게 되어 열은 훨씬 더 올라간다. 실례로 HBM을 처음 개발할 당시, 테스트를 하면서 손가락으로 만져 보았다가 손을 덴 엔지니어도 있었다. 이 발열 현상이 발생하면 반도체는 필연적으로 속도까지 느려진다. 고객이 요구하는 속도 사양에 맞추어 설계하고 개발하기도 어려운데 발열까지 감안한 제품을 만들려고 하니 개발 난이도가 크게 증가할 수밖에 없었다.

12단 HBM은 12개 디램 단품을 하나하나 수직으로 쌓아 전기적으로 모두 연결한 상태로 만든 것이다. 또한 쌓아 올린 칩 사이에는 칩을 보호하고 제품의 휘어짐도 잡아 주는 완충재를 넣게 된다. 즉 칩을 한 개 놓고 그 위에 완충재를 놓고 다시 칩을 넣고 하는 반복 작업을 통해서 적층한다. 칩 2개 사이에 완충재로 필름을 넣고 고온·고압으로 붙이는 TC-NCF(Thermal Compression-Non Conductive Film)라는 본딩 방식이 있는데, 거의 모든 HBM 제조 업체가 사용하는 방식이기도 했다. 하지만 이 방식은 칩을 반복적으로 쌓아 올릴 때 높은 압력과 열이 가해지기 때문에 칩을 손상시킬 위험이 컸다. 또한 한 층씩 쌓을 때마다 필름을 반복해서 넣어야 하기 때문에 생산

시간이 급증하고, 소요 장비도 증가하는 문제로 생산 비용 상승과 생산 효율 저하라는 근본적인 한계에 부딪친다.

하이닉스도 이러한 발열과 비용 이슈에서 자유롭지 않았으며, 또한 회사의 재무적인 어려움 등으로 인해 시급히 대책을 마련해야 할 입장이었다.

하이닉스의 원팀 문화

다행히 하이닉스에는 난제 해결을 위한 원팀 문화가 있었다. 반드시 해결해야 할 사안이 발생하면 어느 한 부문에만 맡기지 않고, 관련된 모든 부문이 원팀으로 집중 연구하여 반드시 해결하는 문화다. 여기서 원팀이란 정규 조직이 아니고 일종의 과제 해결을 위한 TF팀이다.

앞서 시프트 레프트에서 설명했듯 하이닉스는 전통적으로 배턴 터치 방식으로 반도체를 개발하고 생산했다. 연구에서 개발로, 개발에서 제조로, 제조의 웨이퍼 FAB 공정에서 패키지로, 패키지에서 테스트로 순차적으로 프로세스가 진행되는 것이다. 이럴 때 발생하는 부작용의 하나가 뒤 공정에서 뭔가 문제가 발생하면 어떻게 하든 자기 공정에서 해결해야 하는 것이다. 패키지에서도 이런 문제로 인해 답답한 상황이 자주 발생하곤 했다. 웨이퍼 상태에 따라 패키지 공정의 완성도가 들쭉날쭉하여 불량이 발생하면 패키지는 자기 패키지 공정에서만 해법을 찾으려 했다. 당연히 불량 대응이 쉽지 않았다. 근본적인 변화가 필요했다.

Top Team이 모여 소자·공정·패키지 간 원팀을 구성하여 문제를 근본적으로 해결해 보자는 데에 합의했다. 원팀으로 모인 전문가들은 먼저 자신의 분야에서 어떻게 십시일반 기여할 수 있는지 그 방안을 찾게 되는데, 이 원팀 방식의 접근은 문제들을 근본적으로 해결하려는 하이닉스 문화로 자리 잡았다. 그리고 이 원팀은 현재까지도 운영되고 있다.

HBM 개발에서도 이 원팀은 큰 힘을 발휘했다. HBM 개발을 맡고 있는 소자·공정에서 '발열 문제를 실리콘에서만 해결하기에는 장애물이 너무 많다. 관련 부문에서도 솔루션을 찾아 달라'는 제안을 했고, 원팀에서 이를 접수하여 패키지에서도 적극 나서게 되었다.

HBM 성공의 핵심
MR-MUF 기술을 개발하다

MUF는 당시 일반 제품에서도 칩을 보호하기 위해 사용되던 기술이었다. 하이닉스는 열전도성을 포함해 여러 장점이 있는 MUF 방식을 HBM에 적용하기 위해 MR-MUF 기술에 주목했다.

MUF 소재는 높은 열전도성, 낮은 열팽창 계수, 우수한 접착력 등 다양한 물성을 동시에 만족시켜야만 했고, 이러한 물성을 정밀하게 제어하는 것은 고도의 기술력과 노하우를 필요로 하는 매우 어려운 과제였다. HBM 칩 사이의 미세한 공간을 균일하게 채우기 위해서는 MUF 소재의 점도, 유동성, 경화 속도 등을 정밀하게 제어해야 했는데, 이는 고도의 기술력과 노하우를 필요로 했다. 또한 HBM은 고성능 컴퓨팅 환경에서 사용되므로, MUF 소재는 극한의 온도 변화와 기계적 충격에도 안정적인 성능을 유지해야 했다. 따라서 높은 신뢰성을 갖춘 소재 개발은 매우 까다로운 작업이었다.

MR-MUF를 사용하는 기술 개발 과제를 패키지 조직에서는 '팀장의 미래 기술'로 정하고 본격적으로 추진했다. 당시 패키지 조직은 팀장들이 통상 업무와 별도로 미래 기술을 하나씩 연구하도록 했는데, 이를 '팀장의 미래 기술'이라고 불렀다. 이런 MR-MUF 기술과 관련해 흥미로운 에피소드가 있다. 이 과제를 수행한 팀장은 기획안을 처음 보고할 때 발열 문제보다는 원가 절감 부분을 강조했다고 한다. 당시 상사가 원가 절감에 더 몰입하고 있었기에 신속한 승인을 받고자 그렇게 했던 것이다. 그 덕분에 적절한 시기에 기술 개발에 대한 과감한 결정이 이루어질 수 있었고, MR-MUF 기술은 성공적으로 개발될 수 있었다. 이 기술은 하이닉스 HBM이 지속적 버전 체인지에도 높은 품질을 유지할 수 있게 한 중요한 성공 요인의 하나가 되었다.

HBM 사업의 여전한 난관들

수많은 기술적인 난관을 뚫고 해법을 찾았다고 모두 상품화에 성공할 수 있는 것은 아니다. HBM 역시 지속적으로 그 사업성 면에서 도전을 받았다. HBM 제품 개발에 성공하여 비즈니스를 시작했지만 소위 '돈이 안 되는' 상황이었다. 타 제품 대비 제조 원가가 월등히 높은 반면, 물량은 소량이기 때문에 규모의 경제가 되지 못하여 이익이 생기지 않는 구조였기 때문이다. AI의 대두로 폭발적인 수요가 발생하기 시작한 2023년 HBM3 출시 전까지 이런 상황이 매년 이어졌다.

통상 연말이 되면 다음 해의 사업 계획을 짜는데, HBM은 항상 논쟁거리였다. 마치 '양치기 소년' 같았다. 매년 HBM 고객은 내년의 예상 수요를 크게 잡고 그 물량을 요청하는데, 실제로 다음 해가 되면 물량 증가가 거의 없었기 때문에, 고객의 요청만 믿고 투자해 놓았다가는 낭패를 볼 수밖에 없었다. HBM 한 장은 일반 디램 세 장을 생산할 수 있는 생산 리소스를 사용한다. 그렇기에 HBM에 대한 투자는 상응하는 일반 디램의 생산 확대 기회를 잃어 버릴 수 있는 큰 문제다. 그렇다고 마냥 투자를 하지 않았다가 실제로 시장이 뜨게 되면 그 또한 큰 낭패이기에, 그 누구도 배짱 좋게 결정할 수 있는 상황이 아니었다. 그럼에도 불구하고 HBM을 처음 개발하게 된 목적이기도 했던, 이등 업체로서 시장 구도 변화의 실마리를 반드시 찾아야 한다는 생각이 여전히 강했다. 그리고 그 실마리가 HBM일 수 있다는 판단으로 투자를 계속 이어갔다.

2018년 CEO 신년사에서 회사의 이런 의지를 확인할 수 있는데, 여기에는 마치 지금의 상황을 예언한 듯한 내용이 포함되어 있다.

"차세대 시장 제품의 사업 특성을 이해하고 '하이닉스만의 차별적 기반'을 만들어야 합니다. 미래 성장 제품의 경쟁력은 시장이 급변할 때 큰 차이로 나타나며, 새로운 판을 뒤흔드는 게임 체인저로 올라서는 기회가 될 것입니다. 이와 같은 지속 성장 기반이 잘 다져져야만 궁극적으로 반도체 생태계의 질적 변화까지도 이끌어 가는 진정한 강자로 거듭날 수 있을 것입니다……."

다음은 '미래를 위한 경영진의 과감한 투자 결정'과 관련해 당시 패키지 조직을 이끌었던 임원의 소감이다.

"최근 패키지 후배들을 만나서 얘기하다 보면, HBM 시장이 개화한 지금의 상황에서, 고객의 물량을 받아줄 수 있게끔 생산 캐파(CAPA, 생산 능력)를 미리 만들어 놓은 당시 경영진이 무척 고맙다고 합니다. 경쟁사가 갖지 못한 제품을 보유하고 있을 뿐 아니라, 상당한 물량을 생산할 수 있는 능력 또한 갖추고 있어서 그야말로 독주를 할 수 있다는 것이죠. 무엇 하나 풍요롭지 않은 상황에서 미래를 위해 신규 공장과 장비 투자를 결단한 의사결정이 지금 생각해 보면 참 놀라울 따름입니다. 패키지 조직에 대한 경영진의 신뢰 없이는 있을 수 없는 의사결정이었습니다."

소통의 힘이 만들어 낸 의사결정

디램 메모리 일등 회사인 삼성이 HBM 사업을 축소할 때 HBM 사업에 대한 하이닉스의 고민은 더욱 깊어 갔다. 그 이유가 기술 개발이 안 되거나 고객과 사업을 못 해서도 아니었다. 선두 회사가 사업을 축소했을 때는 그만한 이유가 있는 거 아니냐, 어차피 돈도 안 되는 제품을 하이닉스만 붙잡고 있다가 시간과 돈만 날리는 거 아니냐, 정말 HBM 시장이 열리기는 하는 거냐 등 하이닉스 내부에서도 HBM 사업에 대해 다양한 이견들이 제기되었다. 그때가 마침 하이닉스가 HBM2 개발에서 실패한 이후 HBM 개발팀을 다시 추스르고 패키지에서도 MR-MUF라는 신기술을 적용하여 재기를 해나가는 시점이었다. 경쟁사의 개발 중단 결정이 하이닉스의 자신감에 찬물을 부은 것이었다.

하이닉스는 HBM 개발 지속 여부에 관한 의사결정을 집단지성에 맡겼다. 실무진의 많은 논의와 스피크업이 있었고, Top Team에서도 많은 논의가 이어진 끝에 최종 결정은 HBM 사업을 계속 유지한다는 것이었다. 오히려 이 기회에 우수한 인재를 영입하여 사업을 강화하자는 결정을 내린 것이다.

일등 기업인 삼성을 따라가는 것이 가장 안전하다는 기존의 인식을 뒤집는 결정이었다. 지금 다시 생각해 보아도 놀라운 판단이 아닐 수 없다. 이는 신뢰를 바탕으로 한 하이닉스만의 소통의 힘이 아닐까? 누구 한 사람이 아닌, 모두의 지식과 경험이 합해져 집단지성이 발휘되는 문화가 바로 하이닉스의 힘이었다.

HBM의 개발 과정을 정리하면서 HBM이야말로 하이닉스 신뢰 게임의 결과물이라는 것을 한 번 더 실감하게 된다. 회사의 어려운 상황에도 불구하고 HBM1 개발 시부터 개발팀에 보였던 경영진의 전폭적인 지원, HBM2 개발 실패에도 중단되지 않았던 개발 조직에 대한 신뢰와 지지, 부족한 투자 재원에도 불구하고 대규모의 생산 '캐파' 할당 지원, 일등 기업의 사업 축소 및 HBM 사업성에 대한 지속적인 도전에도 불구하고 사업 지속을 제안한 실무 조직과 그들의 스피크업을 받아들인 경영층, 원팀 스피릿의 전사적 협업에 의한 기술 난관 극복 등이 있었기에 성공할 수 있었다. 사례 내용에서 알 수 있듯이, 오랜 기간 동안 HBM 개발상에서 발생했던 난관들은 오직 하이닉스의 신뢰 게임에 의해 극복될 수 있었던 것이다.

TRUST GAME

Chapter 7

유한 게임과 무한 게임

사이먼 시넥의 게임 이론:
두 가지 기업관

"우리는 1분기에 시장 점유율이 2퍼센트 상승했습니다. 경쟁사를 앞질렀습니다!" 이런 승리의 외침이 기업 경영의 본질일까? 단기적 승리의 환호성이 끝난 뒤, 그 기업들은 어디로 향하는가? 오늘날 비즈니스 세계에서 가장 중요한 질문 중 하나는 바로 이것이다. 기업 경영은 승자와 패자가 명확히 구분되는 유한 게임인가, 아니면 지속 가능한 참여가 목표인 무한 게임인가?

TED의 최고 명강사인 사이먼 시넥(Simon Sinek)은 저서 『인피니트 게임(The Infinite Game)』에서 기업들이 단기적 성과와 경쟁 중심의 사고를 가지는 유한 게임의 사고방식에서 벗어나 지속 가능한 성장과 장기적인 비전을 추구하는 무한 게임의 원칙을 따를 것을 주장하고 있다.•

유한 게임에서는 게임의 규칙이 명확하고 참가자와 경계도 명확하다. 목표는 게임의 승리이고 일등이 되는 것이다. 일반적인 스포츠 게임이 여기에 해당한다. 축구에서는 90분이라는 정해진 시간, 명확한 규칙, 득점이라는 기준으로 승자가 결정된다. 장기에서는 상대방의 왕을 잡으면 승리한다. 모두가 동일한 규칙 안에서 승리를 위해 경쟁하는 것이다. 이에 반해 무한 게임에서는 목표가 눈앞의 승리보다 게임 자체를 지속적으로 참가하는 것이다. 게임의 규칙도 수시로 변하고, 게임의 경계도 애매해 경쟁자도 수시로 바뀐다. 게임 참가자는 자기만의 장기적 가치를 추구하며, 지속 가능한 방식으로 플레이를 이어 가는 것에 주안점을 둔다. 바로 '인간의 삶'이라는 것이 대표적인 무한 게임이다. 우리의 삶은 단기적 성공과 실패를 규정할 수 없는 지속적 여정이기 때문이다.

사이먼 시넥은 오늘날 기업 경영 특성도 단기적 성공과 실패를 규정하기 힘든 무한 게임에 가깝다고 한다. 한 해 한 해의 시장 순위에 집착하는 유한 게임 방식으로는 기업이 장기적 생존과 번영이라는 목표를 가지는 무한 게임을 잘해 낼 수가 없다. 어떤 기업이 특정 시점에 시장 점유율 1위를 달성했다고 해서, 그 기업이 '승리'했다고 단정할 수 있을까? 시넥은 다음과 같이 말한다.

오늘날 수많은 리더가 하는 발언을 들어보면 자신이 어떤 게임을 하

● 사이먼 시넥, 2022, 『인피니트 게임』, 윤혜리 옮김, 세계사.

는지 모르는 듯하다. 리더들은 끊임없이 승리해야 한다고 이야기한다. 세상을 향해 당당하게 자신들이 최고라고 주장하고 그들의 목표는 일등이라고 주장한다. 일등을 판단하는 기준도 다 자신에게 유리하게 각각이다. 일등 판단의 단위 기간도 분기인지 1년인지 5년인지 10년인지 다 인위적으로 자른 기간의 기준일 뿐이다. 운동경기와 같이 승리 기준이 명확한 유한 게임에서는 승자와 패자의 기준이 명확하지만 기업 경영의 무한 게임에서는 기준이 여러 개이고 변화한다. 더구나 무한 게임에서는 결승선도 없어 절대적인 승자를 가려낼 수 없다.●

유한 게임의 함정에 빠진 기업들

기업 경영을 오직 유한 게임 방식으로 진행하면 다양한 문제가 발생한다. 가장 흔한 문제는 신뢰 상실, 협력관계 붕괴, 혁신 실패 등이다. 반면 무한 게임 방식을 택한 기업은 구성원 간 신뢰도가 월등히 높아지고, 협력관계가 더욱 넓어지며, 혁신을 이룰 수 있기에 그에 따르는 수많은 이익까지 누릴 수 있다.

이미 우리가 아는 많은 위대한 기업 중에서 기존의 유한 게임

● 사이먼 시넥, 2022, 위의 책, 19~22쪽에서 요약.

규칙을 고수하려다 게임판에서 아예 사라진 예를 적지 않게 보아왔다. 한때 세계 휴대폰 시장을 장악했던 노키아는 어디에 있는가? MP3 플레이어 시장의 강자였던 아이리버는? 비디오 대여 시장을 장악했던 블록버스터는?

이들은 모두 특정 시점에서는 '승자'였지만, 무한 게임인 비즈니스 세계에서 규칙이 바뀌었을 때 적응하지 못했다. 노키아는 스마트폰 혁명에, 아이리버는 아이팟과 스트리밍 음악 서비스에, 블록버스터는 넷플릭스로 대표되는 스트리밍 비디오 서비스에 대응하지 못했다. 그들이 적으로 생각했던 경쟁사 때문에 사라진 기업이 거의 없다는 것은 아이러니하기까지 하다. 이들의 몰락은 경쟁사에 대한 단기적 승리에 매몰되어 장기적 가치를 위한 변화와 혁신을 하지 않았기 때문이다.

무한 게임 방식으로 변해 가는 메모리 반도체업

그동안 메모리 반도체 업계의 게임 규칙은 명확했다. 메모리 미세화 속도전이었다. 여기서 이기면 승리자였고 지면 언더독(under dog)이었다. 중국 업체들이 새로이 들어왔으나 참여 경쟁자는 여전히 명확했고 미세화 속도전이라는 규칙은 변화 가능성이 없어 보였다.

일등 사업자는 이 기준에서 초격차를 유지하면 압도적 일등이 지속될 것이라고 생각했다. 메모리 반도체업은 당연히 유한 게임처럼 보였다.

하지만 고객 환경은 어느새 급격히 변화했다. 엄청난 데이터를 처리해야 하는 AI 시스템 시대가 되면서 메모리 단품만 요구하던 시장이 고객 시스템에 맞는 새로운 형태의 복합 메모리를 요구하기 시작한 것이다. 그리고 HBM은 메모리 반도체 시장에서 무한 게임의 문을 본격적으로 연 제품이 되었다.

	과거의 게임 규칙	추가된 새로운 게임 규칙
고객 시스템 환경	x86 CPU 기반 아키텍처	GPU, xPU, ARM CPU 기반 아키텍처
메모리의 속성	Standardized Device	Customized Device
개발 제품	디램·Raw NAND·SSD	HBM·CXL·PiM·차세대 Storage (메모리 반도체와 로직 반도체 경계 약화)
생산 방식	소품종 대량 생산	맞춤형, 주문형 생산(고객 및 파운드리와 협업)
핵심 역량	미세화, 양산 능력	컴퓨팅 시스템 전체 이해 능력
타깃 경쟁력	Low Cost·Net Die	아키텍처, 디자인, 패키징, 소프트웨어
메모리 사업의 성공 기준	얼마나 빨리 테크 전환을 이루는가?	최종 고객에게 어떠한 가치를 더해 줄 수 있는가?

유일한 승리 기준이었던 메모리 미세화의 속도전 이외에 고객의 새로운 니즈에 맞춘 복합 메모리 제품을 잘 제공해야 하는 것이 추가되었다. 고객 자체도 계속 변화하고 고객의 요구도 변화하여

이젠 승리의 기준도 한두 가지로 명확히 말할 수 없게 된 것이다. 한발 더 나아가 고객 시스템의 변화도 메모리의 변화만큼이나 빠를 것이라고 본다면, 경쟁자들은 더 이상 메모리 회사들이 아닐 수도 있으며 팹리스, 파운드리, 시스템 회사 등이 협업의 대상이자 경쟁의 대상이 될 수 있다. 메모리 반도체업도 무한 게임의 특성으로 급격히 변화되고 있는 것이다.

무한 게임 방식의 체질로 변화한 하이닉스

아래의 표는 사이먼 시넥이 제기한 무한 게임을 하는 기업의 특징과 하이닉스의 노력을 비교한 것이다. 사이먼 시넥은 경영을 무한 게임으로 풀어내는 기업들의 특징을 몇 가지로 잘 요약하고 있다. 이 특징들은 하이닉스가 노력해 온 것들과 상당히 유사한 방향성을 가지고 있음을 알 수 있고, 이로써 무한 게임의 특징이 높아지고 있는 메모리 반도체 산업에서 하이닉스가 이 게임을 보다 잘 풀어 갈 수 있는 체질을 갖추고 있다고 해석할 수 있다.

이런 다섯 가지 무한 게임의 기업 특징들을 살펴보면 한결같이 사람에 대한 믿음, 즉 '신뢰'라는 특성이 내포되어 있다. 하이닉스가 무한 게임을 잘할 수 있는 체질인 이유는 결국 신뢰 문화가 자리하고 있기 때문이다.

무한 게임 기업의 특징과 하이닉스의 노력

무한 게임 방식의 특징	의미	하이닉스 노력
대의 명분의 중요성	기업은 단기 목표와 이익 추구가 아니라, 더 나은 미래의 비전을 추구한다.	• SKMS의 행복 경영 추구● • 근본적 시장 구도의 변화 추구
신뢰하는 팀 구축	직원들이 서로 신뢰할 수 있는 환경에서 일하게 하여 더 높은 생산성과 창의성을 발휘할 수 있도록 한다.	• 신뢰의 팀 Top Team • 전사 원팀 스피릿 • 원온원 도입과 활용 • VWBE 중시
선의의 라이벌	경쟁자는 단순히 이겨야 할 대상이 아니라, 배울 수 있는 존재로 간주한다.	• 경쟁사 공부하기 • 인재 영입
근본적 유연성	급변하는 환경에서 기업은 유연성을 갖춘다. 새로운 아이디어와 혁신을 적극적으로 지지한다.	• 단기 수익보다 본원적 경쟁력 강조 • 신상필벌과 거리 두기 • 왁자지껄 스피크업 문화 • R&R보다는 협업 체계(원팀) • HR의 탈중앙화
선구자적 용기	리더는 불확실성과 위기 속에서도 용기를 가지고 새로운 길을 개척한다.	• 제조 중심 회사에서 기술 중심 회사로의 지속적 딥체인지 • 리소스 절대 부족에서도 HBM과 같은 왼손잡이 프로젝트(미래 기술 프로젝트) 유지 • 미래 인사이트 확보를 위한 CREATE 포럼 등

● SK의 경영철학인 SKMS가 처음 정립 시부터 지금까지 일관되게 기업 경영을 무한 게임 방식으로 접근하고 있는 점은 다소 놀랍다. 하이닉스가 무한 게임 방식의 경영을 하는 데 많은 영향을 주고 있는 것이 바로 SKMS라 할 수 있다.

하이닉스의 HBM 사례는 만약 하이닉스가 단기 수익성과 같은 유한 게임 방식에 연연했다면 만들어질 수 없었다. 일등 기업에 가까워질수록 다시 유한 게임의 유혹은 커진다. 일등을 자랑하고 싶고, 이익과 시장 점유율 같은 일등의 단기 성과에 더 집착하기 때문이다. 신문이나 방송 같은 미디어들은 단기 성과에 집중하여 경쟁사와의 유한 게임을 부추긴다. 지금 하이닉스가 가장 유념해야 할 부분이다.

하이닉스가 글로벌 시장에서 진정한 리더로 자리잡기 위해서는, 단순한 '추격자' 전략에서 벗어나 무한 게임의 원칙을 따르는 '선도자'가 되어야 한다. 이는 단순히 현재의 시장 점유율이나 수익성을 높이는 것이 아니라, 끊임없이 변화하는 환경에서 지속 가능한 가치를 창출하고 모든 이해관계자의 행복을 증진하는 것을 의미한다.

익숙함을 버리고 불편함으로

이 책의 필진은 모두 과거 하이닉스에서 Top Team을 직접 경험한 사람들이다. Top Team에 참여하는 동안 역량과 동기의 딥체인지를 위해 중심에 서서 노력했지만, 실제로 당시에는 변화의 실감도가 크지 못했다. 마치 움직임은 있지만 변화를 잘 감지할 수 없는 시곗바늘처럼. 시간이 흘러 외부에서 제삼자의 입장으로 다시 하이닉스를 바라보니 무척 많은 변화가 일어났음을 느낄 수 있었다.

이게 바로 변화의 본질인 듯하다. 변화는 델타 값으로 이야기한다. 시간이 쌓이면 변화가 누적되어 그 델타 값이 커지지만, 매일의 변화는 크지 않아 그만큼 인지하기 어렵다. 또한 딥체인지를 위한 당장의 노력은 매우 힘들고 불편하기만 한데 그 결과는 잘 인지되지 않는다. 딥체인지의 지속적 실천이 쉽지 않은 이유다.

그럼 하이닉스의 딥체인지 동력은 무엇이었을까? 그것은 Top Team이 가장 많이 사용했던 단어인 '본원적 경쟁력'의 절박함이었다. 존 코터는 기업 혁신의 첫 단계가 혁신 필요성에 대한 절박함이

며, 적어도 기업 경영진의 75퍼센트가 지금의 상태로는 안 된다는 절박함을 느껴야 한다고 했다.[●]

현재의 모습은 과거 노력의 축적 결과라고 했을 때, 하이닉스에서 과거 익숙한 것들은 이등 경쟁력이라는 결과 값을 만드는 투입 요소일 뿐이었다. 하이닉스의 익숙함만으로는 본원적 경쟁력 격차를 줄일 수 없었다. 하지만 익숙함을 버리기란 쉽지 않았다. 좁혀지지 않는 경쟁력으로 인해 Top Team은 매년 반성문을 쓰면서, 그리고 임원들은 매년 두 번씩 워크숍을 하면서 '본원적 경쟁력'의 절박함을 공유함으로써 조금씩 익숙함의 방식에서 불편함의 방식으로 변해 갈 수 있었다.

이 책을 정리하면서 메모리 반도체업에서 신뢰라는 것은 본원적 경쟁력 그 자체라는 것을 깨달을 수 있었다. 반도체 시장 경쟁 자체가 결국 신뢰 게임이고, 하이닉스의 딥체인지 노력은 바로 신뢰의 딥체인지이기도 했던 것이다.

스탠퍼드대학교의 로드릭 크레이머(Roderick Kramer) 교수는 신뢰가 조직 내에서 협력과 혁신을 촉진하는 기반임을 여러 연구와 저술에서 밝혀 왔다. 그에 따르면 신뢰가 협력의 기반인 이유는 신뢰가 존재할 때, 조직 구성원들은 서로를 더 쉽게 믿고 의지할 수 있으며, 이는 상호 협력을 자연스럽게 이끌어 내기 때문이다. 신뢰는 구성원들이 위험을 감수하고, 정보와 자원을 공유하며, 공동의

● 존 코터, 1999, 앞의 책.

목표를 위해 힘을 합치는 데 필수적인 역할을 한다.

신뢰는 혁신의 기반이기도 하다. 혁신은 새로운 아이디어의 시도와 실패에 대한 두려움이 적을 때 촉진된다. 신뢰가 높은 조직에서는 구성원들이 자신의 생각을 자유롭게 표현하고, 실패를 두려워하지 않으며, 실험적 시도를 할 수 있는 심리적 안전감이 조성되기 때문이다.

다시 말해 협력과 혁신, 이 두 가지는 반도체업 경쟁력의 핵심 요건이며, 이 둘은 공교롭게도 모두 신뢰를 기반으로 한다. 따라서 하이닉스의 신뢰 게임이 지금 하이닉스 경쟁력의 비밀이라는 것은 전혀 새로울 것도 없는 당연한 이야기가 되는 것이다.

우리는 이 책을 통해 '신뢰가 만들어 내는 반도체업의 경쟁력'이라는 당연한 명제를 전달하고 싶었다. 하지만 너무나 당연한 것을 당연하게 생각하지 않는 것이 기업의 현실임을 보아 왔기 때문에 이 명제에 대한 최종 판단은 독자들께 맡기겠다.

하이닉스의 경쟁력이 일등이 되었다는 미디어 보도가 적지 않다. 하이닉스에서 일했던 기간 내내 반도체 시장에서의 생존 불안감이 습관화된 탓인지 우리는 하이닉스의 좋은 소식에도 다시 불안감을 느낀다. "성공만큼 큰 실패는 없다"라는 위대한 역사학자 아널드 토인비(Arnold J. Toynbee)의 이야기도 떠오르고, '성공의 함정(Success trap)'이라는 단어도 떠오른다. 성공이 필연적으로 만들어 내는 자기만족과 자만심, 안주와 변화에 대한 둔감, 경직된 사고방식, 단기 성과에 집중하는 유한 게임의 유혹 등이 눈앞에 어른거리기 때문이다.

지금이야말로 하이닉스는 익숙함에서 불편함으로 넘어가야 하는 전략적 변곡점에 있음이 분명하다. 상당한 경쟁력 격차로 인해 따라가기 바빴던 빠른 추격자 전략은 오랜 기간 하이닉스에게 익숙한 전략이었다. 이 전략의 의미가 퇴색한 지금, 하이닉스에는 상당히 불편할 수 있는 새로운 전략 방향으로 딥체인지가 필요할 것이다.

과거 Top Team을 함께했던 한 분은 다음과 같은 우려와 기대를 표현했다.

"예전에는 일등 기업 뒤를 따라 앞만 보고 가면 되었잖아요. 그런데 지금은 앞, 뒤, 좌, 우라는 개념도 없이 360도를 다 봐야 하는 상황이에요. 이건 하이닉스가 지금껏 경험하지 못했던 거라 그만큼 더 어려울 수 있어요. 가령 미래를 준비하는 왼손잡이 조직과 프로젝트들이 지금보다 훨씬 더 강화되어야 할 것 같아요. 진짜 변화가 필요한 시점이죠."

지금 하이닉스의 Top Team과 임원들도 어떠한 화두를 가지고 있을 것이며, 매일 반복적으로 사용하는 어떤 단어도 있을 것이다. 그 화두가 무엇이고, 그 단어가 무엇인지가 바로 지금 하이닉스가 지속하고자 하는 딥체인지의 방향과 노력을 알 수 있는 바로미터라 할 것이며, 또 다른 10년 혹은 20년 후의 하이닉스 모습을 결정하게 될 것이다.